Danksagung

Mein ganz spezieller Dank zum Entstehen dieses Buches geht an Ute Kleinschmidt, Felix Gabriel, Karin Schewe, Monika Jünemann und zu guter Letzt an all meine Schüler/innen und Leser/innen.

Vielen herzlichen Dank!

Inhalt

Teil I

Die Anleitung zum Buch

Teil II

Die AKHESY®-Technik

Teil III

Angewandte Medialität als praktische Lebenshilfe

Teil IV

Unterstützende Maßnahmen und praktische Tipps zum erfolgreichen medialen Arbeiten

Anhang

Teil I

Die Anleitung zum Buch

Dieses Buch ist eine ganz praktische Anleitung zum Trainieren und Anwenden der eigenen Medialität und Hellsichtigkeit.

Was Medialität ist, wie sie funktioniert und welche geistig-spirituellen und auch körperlichen Voraussetzungen es dafür gibt, wird hier vorausgesetzt. All das wird in meinem ersten Buch „Medialität & Hellsichtigkeit – das Lehrbuch" ausführlich beschrieben und erklärt. Es ist ein Lehrbuch, welches die theoretischen und praktischen Grundlagen der Medialität, das verantwortungsvolle Umgehen mit diesen Fähigkeiten und die von mir entwickelte AKHESY®-Technik vermittelt.

In diesem hier vorliegenden Übungsbuch geht es jetzt ganz praktisch um das Umsetzen der AKHESY®-Technik und das Anwenden derselben.

Das Buch ist untergliedert in:

- *Eine kurze Vorstellung und Wiederholung der AKHESY®-Technik*
- *Anwendungen im Alltag, Beruf und Privaten*
- *Unterstützende Maßnahmen und praktische Tipps zum erfolgreichen medialen Arbeiten*

Alle Themen sind mit unzähligen Übungen bestückt, die sofort praktisch ausprobiert werden können.

Mein Anliegen in diesem Buch ist es, eine praktische Anleitung zu geben, um die eigene feinstoffliche Wahrnehmung trainieren zu können und damit die Fähigkeiten der Medialität als praktische Lebenshilfe nutzen und intensiver leben zu können.

Für wen bzw. für welche Menschen ist diese Anleitung nun nützlich?

1. *Für Menschen, die diese Fähigkeiten schon besitzen und sie sinnvoll ausbauen wollen.*

2. *Für alle Menschen, die sich schon immer für Medialität bzw. für feinstoffliche Wahrnehmungen interessiert haben.*
   Es ist eine Möglichkeit, Struktur in ihre Empfindungen und dadurch eine präzise Anleitung zu bekommen, ihre Fähigkeiten zu trainieren und diese hilfreich in ihr Leben zu integrieren.

3. *Für Menschen, die in heilenden Berufen tätig sind.*
   Für sie ist es eine große Hilfestellung, ihre Heilmethoden mit der Fähigkeit der Medialität zu verbinden und auszudehnen.

4. *Für künstlerisch tätige Menschen.*
   Die Ausbildung der Medialität stellt eine erweiterte schöpferische Möglichkeit dar, weil jede kreative Handlung genau genommen medial ist.

5. *Für Menschen, welche sich einfach für das große Gebiet der Medialität öffnen wollen, aber bisher noch keinen praktischen Ansatzpunkt hatten.*

Mit der Ausbildung und Benutzung unserer eigenen Fähigkeiten der Medialität und Hellsichtigkeit steht uns Menschen ein gewaltiges Werkzeug zur Verfügung, welches, wenn wir es weise und verantwortungsvoll nutzen, uns in unserem Leben im privaten wie auch im beruflichen Bereich große Dienste leisten kann.

1. Die AKHESY®-Technik

Die AKHESY®-Technik ist die Basistechnik zum Empfangen von medialen Botschaften.

Der Name der Technik „AKHESY“ setzt sich aus drei entscheidenden Wörtern zusammen, die über die Anwendung der Technik schon viel aussagen:

AK → *steht für Akasha*
HE → *steht für Healing*
SY → *steht für System*

„Akasha“, kommt aus dem Sanskrit und heißt „leuchten“ oder „strahlen“ und verkörpert den Hinweis, dass es sich um eine Technik der Medialität handelt. Dieser Begriff bezieht sich auf das wissende Feld, die Gitternetze oder eben die bekannte Akasha-Chronik, welche das universale Wissen als feinstoffliche Schwingung abstrahlt.

„Healing“ ist der Hinweis, dass die Technik die Möglichkeit in sich birgt, durch ihre Anwendung zur inneren und äußeren Heilung beizutragen.

„System“ steht dafür, dass es sich um eine Basistechnik handelt, welche die Basis für ein großes Heilsystem darstellt. Die erweiterten Anwendungsmöglichkeiten dieses Heilsystems werden im Folgenden aufgeführt.

Somit ist die AKHESY®-Technik die „Akasha-Healing-System“-Technik.

Die AKHESY®-Technik ist von mir zur Entfaltung und Aktivierung der eigenen Medialität entwickelt worden. – Mittlerweile haben diese Technik schon unzählige Menschen jährlich in meinen Seminaren geübt und mit ihrer Hilfe erfolgreich medial Botschaften empfangen. Sie hat sich gut bewährt.

2. Die weiterführenden aufbauenden Techniken

Das Besondere an der AKHESY®-Technik ist, dass sie eine Grund- oder eben eine Basistechnik ist, die die Basis für darauf aufbauende weiterführende Techniken darstellt.

Wenn ich im Folgenden weiterführende Techniken aufführe, so ist die Basistechnik immer der erste Schritt, also die Vorraussetzung für die folgenden Techniken! Somit ist das exakte Erlernen der AKHESY®-Technik die notwendige Vorraussetzung zum erfolgreichen medialen Arbeiten.

Bist du aber schon seit Jahr und Tag medial und suchst durch dieses Buch einfach Anregungen, wie du deine Medialität verfeinern und ausbauen kannst, dann kannst du selbstverständlich deine Technik, die du schon immer verwendet hast, anwenden. Dann ist diese Technik, also das konkrete Einstellen auf die geistige Welt, deine Vorraussetzung für die weiterführenden Techniken. – Es gibt immer viele Wege, um erfolgreich ans Ziel zu gelangen. **Die AKHESY®-Technik ist einzig *eine Empfehlung*, um verantwortungsvoll, respektvoll, erfolgreich und risikolos ans Ziel zu gelangen!**

3. Die praktischen Übungen

Die einzelnen Übungen sind immer den Themenbereichen zugeordnet, die gerade benannt werden. – Du findest diese Übungen immer zum Abschluss des jeweiligen Kapitels. Doch nicht alle Übungen sind mediale Übungen.

Es gibt drei Arten von praktischen Übungen:

1. Mediale Übungen
2. Übungen zur Unterstützung und Vorbereitung des medialen Empfangens
3. Bewusstwerdungsübungen

Diese Übungen sind, damit dir das Üben leichter fällt und es übersichtlicher wird, jeweils mit folgenden Symbolengekennzeichnet:

Mediale Übungen

Übungen zur Unterstützung und Vorbereitung des medialen Empfangen

Bewusstwerdungsübungen

Wenn du erfolgreich werden willst, nimm alle Übungen gleichwertig ernst! Bewerte die einzelnen Übungen nicht – keine ist wichtiger als die andere – sie verkörpern nur unterschiedliche Aspekte!

Die medialen Übungen

Mediale Übungen sind all die Übungen, die deine medialen Fähigkeiten trainieren. Sie helfen dir, deine feinstoffliche Wahrnehmung im Hellwissen, Hellsehen, Hellfühlen, Hellriechen und gegebenenfalls auch im Hellschmecken zu verbessern. Sie setzen allerdings das Beherrschen der AKHESY®-Technik oder einer anderen von dir praktizierten medialen Technik voraus. Damit diese angebotenen Übungen erfolgreich absolviert werden können, müssen auch die geistigen und körperlichen Voraussetzungen, die ich in meinem ersten Buch „Medialität & Hellsichtigkeit – das Lehrbuch“, Windpferd Verlag, 2007, ausführlich beschrieben habe, eingehalten werden.

Prüfe also genau, ob du schon alle Voraussetzungen besitzt die nötig sind, um die Übungen durchführen zu können. Denn nur wenn sich der Erfolg zeigen kann, machen die Dinge auch Freude. Sonst gehe lieber noch einmal einen Schritt zurück und beschäftige dich mit den Voraussetzungen.

Gutes Gelingen!

Die Übungen zur Unterstützung und Vorbereitung des medialen Empfangen

Diese Übungen sind direkte Vorbereitungen zum medialen Empfangen. Durch sie kannst du die einzelnen Schritte der AKHESY®-Technik präzise erlernen und vor allem ein Gefühl für die einzelnen Schritte bekommen.

Durch das Praktizieren dieser Übungen erhält auch dein Verstand eine Erklärung über das Hineinfühlen; warum die Schritte genau so und nicht anders ablaufen. Somit bekommst du über dein Bewusstsein ein tieferes Verständnis für die Technik bzw. für den Ablauf medialer Vorgänge im Allgemeinen.

Die Bewusstwerdungsübungen

Bewusstwerdungsübungen helfen dir, in deinen persönlichen inneren geistig-spirituellen Prozess zu kommen. Sie machen dich wacher, bewusster und trainieren deinen Blick für das Detail im Innen wie im Außen.

Sie existieren in erster Linie unabhängig von medialen Prozessen und Übungen. Sie können von jedem Menschen risikofrei praktiziert werden, ohne dass diese sich jemals mit Medialität beschäftigt haben müssen oder sollten. – Diese Übungen können aber auch ein sanfter Einstieg in die Welt des Unsichtbaren, des nicht Greifbaren sein.

Sie sind fern vom Rationalen und sprechen die Gefühlsseite des Menschen an. Sie helfen dir, dich hinzugeben, den Kopf auszuschalten und in die sinnliche Welt der Schwingungen einzutauchen. Damit wird deine Qualität von Demut, Hingabe und Mitgefühl trainiert.

Hinweis
Bei manchen Übungen stehen mehrere Zeichen. Beispielsweise:

 oder auch

 oder manchmal auch

Das bedeutet, dass manche Übungen eine Kombination von zwei oder drei Arten von Übungen sind. Das Symbol, welches an erster Stelle steht, verkörpert dann den Hauptlerneffekt der jeweiligen Übung.

So wäre es bei unserem ersten Beispiel  so, dass dies eine mediale Übung (M) ist, die auch den wunderbaren Nebeneffekt der Bewusstwerdung (B) mit sich bringt.

Bei unserem zweiten Beispiel  ist es eine Übung, die der inneren Bewusstwerdung (B) dient und dir aber gleichzeitig hilft, das mediale Empfangen vorzubereiten und zu unterstützen (U).

Weitere Symbole
Unter den Übungen wirst du noch andere Buchstaben finden:

 **für „Kontrolliere!“ oder „Überprüfe!“**

 **für „Vergleiche!“**

Das Symbol **:** Dieses Symbol weist dich darauf hin, wie du deine medial empfangenen Resultate kontrollieren oder überprüfen kannst, um sicher zu gehen, dass du ein stimmiges mediales Resultat erhalten hast.

In den meisten Fällen der medialen aufgezeigten Übungen kannst du also dein Ergebnis überprüfen, so dass du eine Sicherheit im medialen

Empfangen von Botschaften erhältst und dich immer rückversichern kannst, ob deine Resultate pure Einbildung sind oder du sauber medial gearbeitet hast.

Manche Dinge sind leicht zu überprüfen und zu kontrollieren ... und manchmal ist mediales Arbeiten auch überflüssig!

Das Symbol Ⓥ: Dieses Symbol steht bei Übungen, welche nicht medialer Natur sind, sondern eher Übungen zur Unterstützung und Vorbereitung des medialen Empfangen (**U**) und/oder Bewusstwerdungsübungen (**B**) sind.

Bei diesen Übungen gibt es keine objektiv richtigen Resultate, sie sind immer subjektiv. Deshalb geht es hierbei oft um Vergleiche der Energiequalitäten, Wirkungen und Empfindungen.

Wenn also ein Ⓥ am Ende der Übung steht, gilt es das empfundene Resultat mit dem angebotenen oder einer anderen Übung im Vorfeld zu vergleichen.

Und zu guter Letzt
möchte ich eine Frage beantworten, die mir immer wieder und wieder gestellt wird, nämlich,

woher ich das denn alles habe und weiß?

Ja, auch ich hatte wie alle interessierten und wissensdurstigen Menschen, Lehrer und Meister. Diesen bin ich sehr dankbar für all das, was sie mich gelehrt und mir bewusst gemacht haben.

Aber die Frage nach dem medialen Wissen muss ich trotzdem anders beantworten, nämlich mit:

„… aus mir heraus …“

Das Wissen, welches ich dir hier vermittle, ist authentisches, gelebtes Wissen. Es ist mein Erfahrungsschatz über feinstoffliche Energie, Medialität und nonverbale Kommunikation. Ich habe darüber nie ein Lehrbuch besessen. Vielleicht kannst du die Kraft spüren und die Authentizität, die von den Übungen ausgeht.

Alle Übungen sind Erfahrungen aus all meinen Leben.

Und nun wünsche ich dir viel Freude mit diesen geistigen und seelischen Schätzen, denn ich lasse dich nun an meinem uralten Wissen teilhaben, welches viele liebe Menschen mit mir auf dem Weg schon geteilt haben.

Ich wünsche dir viele erleuchtende Momente!

In Liebe
Beate

Teil II

Die AKHESY®-Technik

Diese von mir vor Jahren entwickelte Technik wird in meinem ersten Buch „Medialität & Hellsichtigkeit – Das Lehrbuch" ausführlich erläutert. Ebenso die geistigen und körperlichen Voraussetzungen zum medialen Empfangen und die dabei wirkenden kosmischen Gesetze.

In diesem Buch hier, setze ich dieses Basiswissen nun voraus und widme mich ganz konkret der Anwendung und Weiterführung dieser Technik.

Die AKHESY®-Technik ist Basis für alle weiterführenden Techniken. Daher möchte ich diese Technik an dieser Stelle noch einmal aufführen und die einzelnen Schritte in Kurzform erläutern.

Bevor du mit der AKHESY®-Technik beginnst, sei dir bewusst, dass du alle nötigen inneren und vielleicht auch äußeren Vorbereitungen die Voraussetzung für gutes Gelingen sind, getroffen hast – soweit, wie es dir eben möglich ist.

Das Besondere an der AKHESY®-Technik

Sie ist:

- *leicht zu erlernen;*
- *übersichtlich in einzeln erlernbare Schritte aufgebaut;*
- *von jedem psychisch gesunden Menschen erlernbar;*
- *ohne jegliche Voraussetzungen erlernbar;*
- *eine Basistechnik für viele weitere mediale Techniken und*
- *universell einsetzbar und anwendbar.*

Der Nutzen der AKHESY®-Technik:

Die Technik wirkt auf allen drei Ebenen entsprechend der Analogie von Körper, Geist und Seele:

a) auf der feinstofflichen, energetischen Ebene
b) auf der körperlichen Ebene
c) auf der geistig-seelischen Ebene

Zu a) Wirkung auf der feinstofflichen, energetischen Ebene

- Entfaltung des eigenen Lichtkörpers
- Heilung und Glättung der Aura der Energiekörper
- Stabilisierung und Festigung der eigenen Aura
- Chakrenaktivierung
- Chakrenharmonisierung

Zu b) Wirkung auf der körperlichen Ebene

- Körperliche Heilung
- Vitalisierung und Stabilisierung
- Prophylaxe durch Energieübertragung
- Kontakt zum innerer Heiler und Arzt

Zu c) Wirkung auf der geistig-seelischen Ebene

- Geistig-seelische Heilung
- Kontakt zum inneren Therapeuten
- Erkennen und Transformieren von Glaubenssätzen und Verhaltensmustern
- Auflösung von Verstrickungen zwischen Menschen und Verstorbenen
- Anwendung als praktische Lebenshilfe
- Entfaltung der Kreativität/des inneren Künstlers
- Förderung des Bewusstseinsprozesses
- Geistig-spirituelles Wachstum
- Entfaltung der Herzensqualität
- Entwicklung von Mitgefühl, Liebe und Demut
- Ausbau des freien Willens

Die Möglichkeiten des erweiterten Einsatzes der AKHESY®-Technik:

Hier eine Auswahl von Möglichkeiten aufbauender Techniken:

- Arbeiten mit Kristallen
- Pendeln
- Feststellen der Dosierungen von Medikamenten und Nahrungsergänzungsmitteln
- Ernährungstipps
- Abklärung von Allergien
- Abklären von konstruktiven und destruktiven Energiefeldern
- Channeln von Wesenheiten
- Arbeiten mit Engeln und Meisterenergien
- Entscheidungen abklären
- Situationsklärungen
- Mediale Bilder, Kunstwerke empfangen und aufmalen
- Mediales Schreiben

- Heilende Gesänge und mediales Tönen
- Übertragung von heilenden Energien
- Aura sehen und malen
- Karmische Ursachen erkennen
- Kontakt mit Verstorbenen
- Tierkommunikation
- Kontakt mit Devas, Elfen und Naturgeistern

4. Der Ablauf der AKHESY®-Technik

1. *Aufrecht sitzen* – In entspannter Haltung, offen und empfangend.

2. *Erden* – Beispielsweise ein Seil oder eine Ankerkette mit Anker als Verlängerung deines Steißbeines visualisieren, welches tief in die Erde hineinführt und sich fest verankert.

3. *Die eigene Mitte spüren* – Zentrieren, Hilfe durch bewusstes Ein- und Ausatmen.

4. *Innerlich ein Rohr entlang der Wirbelsäule visualisieren* – Als inneren Kanal vorstellen, eine Verbindung zwischen Himmel und Erde erschaffen.

5. *Konzentration auf dein „Ich- Bewusstsein"* – Vorstellen, wie dein Bewusstsein sich in deinem Bauch (zweites, drittes Chakra) zurückzieht und sammelt.

6. *Kronenchakra öffnen* – Beispielsweise als Blume vorstellen, die langsam aufblüht oder als Trichter, der sich zum Himmel öffnet.

7. **Folgende Affirmation innerlich sprechen und nachfühlen: *„Ich bin wahr, klar und ehrlich."***

8. *Innerlich um eine Botschaft bitten* – Mit beispielsweise folgendem Satz: „Ich bitte die geistigen Welt/die Meister der Lichtebene um eine Botschaft für … (Person nennen) zu folgendem Thema: …"

9. *Bedanken*

10. *Kronenchakra schließen*

Kurzform

1. Aufrecht sitzen
2. Erden
3. Zentrieren
4. Kanal visualisieren
5. Bewusstsein im Bauch konzentrieren
6. Kronenchakra öffnen
7. „Ich bin wahr, klar und ehrlich."
8. Um Botschaft bitten
9. Bedanken
10. Kronenchakra schließen

5. Praktische Übungen zu den einzelnen Schritten der AKHESY®-Technik

Da dieses Buch ein Übungsbuch ist, soll nun an dieser Stelle die Möglichkeit gegeben sein, die einzelnen Schritte der AKHESY®-Technik näher zu üben und sie mit speziellen von mir aufgestellten Übungsschritten zu erlernen bzw. zu trainieren.

Übungen zum 1. Schritt

„Sitze aufrecht, in entspannter, offener und empfangender Haltung"

Dieser 1. Schritt untergliedert sich also in 3 Teile:

1. Teil – aufrechtes Sitzen
2. Teil – entspannt zu sein
3. Teil – offen und empfangend zu sein

Übung Nr. 1 **Aufrechtes Sitzen**

a) Setze dich aufrecht hin, auf einen Stuhl oder ein Meditationskissen, ohne dich anzulehnen.
Lass deinen Körper sich so „zurecht ruckeln", wie er das möchte.
Vielleicht hast du das Gefühl, dass dich jemand wie an unsichtbaren Fäden nach oben zieht

Vergleiche dabei das Gefühl mit deiner sonstigen Sitzhaltung und/oder stimme dich medial ein!

b) Setze dich nun im Gegensatz dazu ganz krumm hin, beuge den Kopf nach vorne oder beuge dich zur Seite, kringele dich auf dem Boden ein!

Versuche so medial eine Botschaft zu empfangen. Vergleiche den Unterschied zu a)

Übung Nr. 2 **Anspannung und Entspannung**

Atme tief ein. Spanne deine Muskeln im Körper stark an und halte dabei den Atem an. Bleibe einen Moment so! Atme dann intensiv aus. Wiederhole das vier Mal. Atme dann wieder normal und genieße die Entspannung!

Spüre die Wirkung durch das duale Extrem der Anspannung!

Übung Nr. 3 **Empfangende Haltung**

Lege deine Hände mit den Handinnenflächen nach oben auf deine Beine oder in deinen Schoß! Fühle dich und die Energie um dich herum!

Wende dann deine Handinnenflächen nach unten, lege sie auf deine Beine und spüre wieder nach!

Vergleiche den Unterschied! Wann bist du offen, wann bildest du ein geschlossenes System?

Übungen zum 2. Schritt

„Erden"

Übung Nr. 4 **Mutter Erde**

Lege dich mit dem Bauch auf den Boden, die Arme sind nach vorne ausgestreckt mit den Handinnenflächen nach unten zum Boden hin. Deine Stirn berührt ebenfalls den Boden.

Dann stelle dir vor, wie du über deinen Bauch beim Einatmen die Energie von Mutter Erde einatmest, du saugst sie regelrecht über dein Herz und deinen Bauch in deinen Körper. Über deine Handchakren spürst du ebenfalls, wie die Erdenergie in dich einströmt.

Mit dem Ausatmen verteilst du die Energie in deinem gesamten Körper.

Lass dich nun immer mehr fallen, lass dich ein auf die Erdenergie und versuche mit ihr zu verschmelzen!

Nimm deinen Körper wahr, werde dir bewusst, wie Mutter Erde dich trägt!

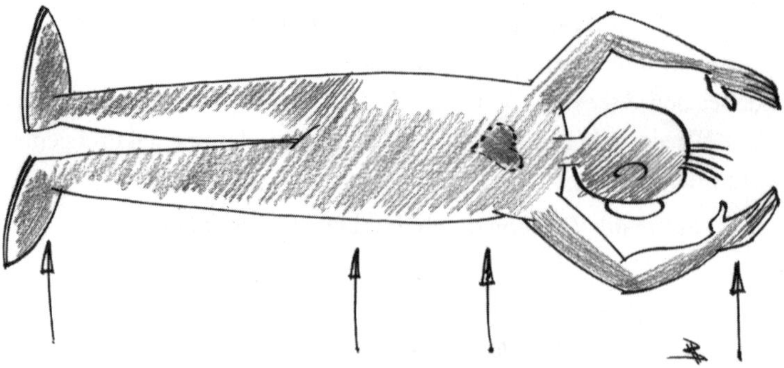

Atme über deinen Bauch und dein Herz
die Energie von Mutter Erde ein.

Übung Nr. 5 **Rote Flüssigkeit**

Setze dich auf einen Stuhl oder auf einen Sessel.
Die Beine stehen nebeneinander und dürfen bei dieser Übung nicht übereinander geschlagen sein.
Atme drei Mal kräftig aus und gehe mit deiner Aufmerksam körperlich immer tiefer, bis du bei deinen Füßen landest.
Stell dir nun vor, wie die Erdenergie als tiefrote Flüssigkeit durch deine Fußchakren in deine Füße fließt und dann bis in dein Becken aufsteigt. Mit jedem Einatmen saugst du diese Erdenergie, dieses Rot, in dich hinein und mit dem Ausatmen verteilst du es in deinem Körper.

Nimm wahr, wie stabil du wirst, vergleiche dein Körpergefühl mit dem sonstigen alltäglichen!

Übungen zum 3. Schritt

„Eigene Mitte spüren, zentrieren"

Übung Nr. 6 **Zentrierung**

Setze dich im Schneidersitz hin oder auf einen Stuhl.
Nun beginne mit deinem Oberkörper hin und her zu schaukeln! Wiege ihn sanft rhythmisch hin und her. Lass ihn pendeln, so dass er seinen eigenen Rhythmus und sein eigenes Tempo findet!
Irgendwann werden die Bewegungen kleiner.
Lass alles zu, was passiert!

Nimm wahr, wie du dich auf diese Weise zentrierst und dein Oberkörper irgendwann von ganz alleine stillsteht und du in deiner Mitte bist!

Übung Nr. 7 **Zentriertes Atmen**

Konzentriere dich auf deinen Atem! Spüre ganz bewusst, wie du einatmest und wie du ausatmest.
Spüre deine Luftröhre! Verlängere sie!
Stell dir vor, sie geht nach oben bis in deinen Kopf und nach unten bis zu deinem Bauch!
Stell dir nun vor, dass sich in dieser Luftröhre ein weißer Tischtennisball befindet!
Immer wenn du einatmest, wird der Ball nach oben angesaugt – beim Ausatmen wird er nach unten geschoben. Atme ein und aus und verfolge die Laufrichtung des innerlich visualisierten Balls!

Spüre, wie dir diese Vorstellung hilft, ganz in dir anzukommen und bei dir zu sein!

Übungen zum 4. Schritt

Visualisiere innerlich ein Rohr entlang der Wirbelsäule

Übung Nr. 8 **Der Lichtkanal**

Stell dir vor, dass du durchlässig bist wie ein Gefäß, etwa wie ein Rohr oder eine Pipeline.
Dieses Rohr ist in deinem Körper vertikal entlang deiner Wirbelsäule verankert.
Stelle dir dieses Rohr jetzt in verschiedenen Materialien vor als:

- ein Plastikrohr
- ein Kupferrohr
- ein Rohr aus vibrierenden Lichtpunkten
- ein Kristallrohr
- was immer dir einfällt …

Spiele mit diesen Vorstellungen! Experimentiere! Respektiere, dass sich eine bestimmte Form, Farbe und vor allem ein bestimmtes Material realisiert und dann stabilisiert.

Vergleiche die unterschiedlichen Materialien und deren Wirkung als Lichtkanal in dir!

Übungen zum 5. Schritt

„Ich-Bewusstsein im Bauch“

Übung Nr. 9 **Miniformat**

Stell dir vor, dass du dich in deinem großen Zeh vor der Welt zurückziehst. Du wohnst dort!
Nur in deinem Zeh!
Du bist klein genug, um es dir in deinem Zeh gemütlich zu machen und dich einzurichten!

Nimm dein Wesen in Miniatur wahr!
Werde dir bewusst, was dich selbst wirklich ausmacht!

Wohnen im Zeh – der ideale Rückzug in allen Lebenslagen!

Übung Nr. 10 **Zuckerwatte**

Stell dir vor, du bestehst aus Zuckerwatte!
Du bist ganz leicht und filigran. Und mit diesem filigranen feinstofflichen Körper bewohnst du deinen physischen Körper.
Nun kannst du dich als Zuckerwattenkörper zusammendrücken, ganz klein, wie zu einem Zuckerklumpen, der sich im Bauch zurückzieht.
Lass es zu und fühle das!

Nimm den Unterschied zu deiner sonstigen Ausdehnung wahr!

Übungen zum 6. Schritt

„Kronenchakra öffnen"

Übung Nr. 11 **Kronenchakra öffnen**

a) Werde dir bewusst, dass du mit dem Öffnen des Kronenchakras an Energien und Informationen kommen kannst, die dir sonst verschlossen bleiben.

Entscheide ganz bewusst, ob du das willst.

b) Überprüfe außerdem, wofür und für welche Qualität du dich öffnen willst!

Manifestiere ganz klar deine Absicht!

Werde dir bewusst, was im Alltag alles auf dich einströmt. Nimm es durch diese Technik bewusst wahr!

Übung Nr. 12 **Zum Himmel öffnen**

Setze dich entspannt auf ein Kissen oder einen Stuhl und erde dich! Wähle dabei die Technik, die dir vertraut ist.

Nun öffne deine Hände so weit es geht und strecke deine Arme zur Seite nach oben geöffnet in den Himmel, so dass die offenen Handinnenflächen nach oben zeigen.

Spüre nach, wie du dich für die kosmische Kraft öffnest und wie du damit auch in Kontakt mit deinem Kronenchakra kommst!

Spüre deine veränderte Energie! Nimm die durch diese Handhaltung entstehende Offenheit wahr!

Übungen zum 7. Schritt

„Ich bin wahr, klar und ehrlich."

Übung Nr. 13 **Ich bin wahr**

Überprüfe dein Benehmen im Alltag:

Wie wahr bist du?

Wo verbirgst du dich, bist dir selber untreu und wo verleugnest du dich und deine Absichten gar?

Nimm wahr, inwiefern du dich authentisch siehst oder nicht!

Übung Nr. 14 **Klarheit**

Setze dich mit dem Thema Klarheit auseinander!
Meditiere über Klarheit!
Werde dir bewusst, wie wichtig Klarheit im Leben ist!
Nimm wahr, wo du unklar bist und schaue dir die Ursachen dafür an!
Schreibe dies nieder, damit du damit arbeiten kannst!

Werde dir bewusst, wo und wann dir im Leben die Klarheit fehlt und wo du sie hast!

Übung Nr. 15 **Ehrlichkeit**

Blicke auf dein Leben zurück und registriere selbstkritisch, wo du überall unehrlich warst und wo ehrlich.
Dann überprüfe das in der Gegenwart!

Wie fühlt es sich an, ehrlich zu sein und was empfindest du, wenn du unehrlich bist – zu anderen und dir selbst gegenüber?

Übungen zum 8. Schritt
„Bitten um eine Botschaft"

Bei diesem Schritt gibt es verständlicher Weise keine eigene Übung. *Um an diesen Punkt zu kommen, sind die 7 Schritte vorher nötig. Somit ist jeder andere vorhergehende Schritt eine Voraussetzung für den 8. Schritt, dem Bitten um eine mediale Botschaft.*

Trotzdem möchte ich dich an dieser Stelle nicht leer ausgehen lassen und du erhältst dafür zwei sehr wirkungsvolle Übungen, die aber eben die anderen Schritte voraussetzen.

Übung Nr. 16 **Heilende Farbe**

Stimme dich medial ein!
Bitte die Meister der Lichtebene um eine Farbe, die deine körperliche Heilung unterstützt.
Bedanke dich bei den Meistern dafür!

Spüre, was sich verändert hat!

Übung Nr. 17 **Lichtkanal putzen**

Stimme dich medial ein!
Bitte helfende heilende Lichtwesen, dir deinen Lichtkanal zu reinigen, zu putzen und zu vergrößern, damit er gut zum medialen Arbeiten ausgelegt ist!
Bedanke dich anschließend dafür!

Stimm dich wieder medial ein, empfange eine Botschaft und spüre den Unterschied zu vorher!

Übungen zum 9. Schritt
„Bedanken“

Übung Nr. 18 **Danke sagen vergessen**

Fordere ganz bewusst irgendetwas von deinen Freunden, Bekannten oder deiner Familie. Bitte sie, dir in irgendeiner Kleinigkeit einen Gefallen zu tun.
Wenn sie das nun getan haben, nimm es einmal ganz bewusst als selbstverständlich hin und sage auf keinen Fall „Danke!“.

Gehe nun in dich und fühle, wie es dir dabei geht.
Spüre das Ungleichgewicht! Jemand hat etwas für dich getan und du gibst nichts zurück, nicht einmal ein Danke.

Hinweis:

Bedanke dich danach, und das am besten doppelt, und erzähle ihnen von deiner Übung und vielleicht auch von der Erfahrung damit. Frage deine

Freunde auch, wie es ihnen erging und wie sie sich gefühlt haben, keinen Dank für den Gefallen erhalten zu haben!

Spüre, wie Dankbarkeit dein Leben leichter werden lässt, wenn Du sie zulässt!

Übung Nr. 19 **Sich bedanken**

Laufe an einem Tag ganz bewusst umher und bedanke dich für all die Geschenke, die du gerade bekommst. Das musst du nicht laut und persönlich machen wenn es nicht angebracht ist, kannst du aber! Bedanke dich: beim Himmel für die Sonnenstrahlen oder die Regentropfen; beim Postboten dafür, dass er dir die Post gebracht hat;

bei deinen Kindern, dass sie dich so anlachen (oder auch gerade anmaulen, weil du eine erzieherische Maßnahme treffen musstest ...); bei Gott, dass du auch diesen Tag erleben darfst; bei deinem Chef, dass er dir diesen Arbeitsplatz ermöglicht; beim Bäcker für deine Frühstücksbrötchen ...

Gestatte dir nun, den Dank sich in dir ausbreiten zu lassen! Fühle, was diese Dankesenergie mit dir macht.
Spüre, wie diese Dankbarkeit dein Leben leichter werden lässt und wie sich dein Blickwinkel verändert.

Übung zum 10. Schritt
„Kronenchakra schließen"

Übung Nr. 20 **Kronenchakra verdecken**

Kauere dich hin, kringele dich auf dem Boden oder auf der Couch zusammen und verschließe oder verschränke deine Arme über dem Kopf, so dass dein Kronenchakra verdeckt ist!

Fühle dies und nimm wahr, wie es dir dabei geht!

Übung Nr. 21 **Kopfschutz**

Nimm ein Tuch als Kopftuch, binde es dir um – vor allem so, dass dein Kronenchakra bedeckt ist! Dann stülpe dir einen Hut oder eine Kappe darüber! Wenn möglich, setze darunter noch eine Mütze auf! Je mehr Kopfbedeckungen du übereinander tragen kannst, umso besser. Dabei geht es nicht um das Aussehen, sondern nur um das Schützen des Kopfes – die Optik spielt keine Rolle!

Fühle, was es mit dir macht, wenn du so ein abgeschirmtes und geschütztes Kronenchakra hast!

Teil III

Angewandte Medialität als praktische Lebenshilfe

Generell möchte ich zum III. und IV. Teil des Buches folgende wichtige Information vorausschicken:

Da die AKHESY®-Technik immer der erste Schritt für alle folgenden Übungen ist, werde ich sie von nun an nicht mehr erwähnen. Es folgen von nun an nur aufbauende Techniken.

Ich werde es bei dem Hinweis:

→ ***„Stimme dich medial ein!"***

belassen und dir damit die Aufforderung geben, die AKHESY®-Technik mit allen Schritten präzise durchzuführen!

„Stimme dich medial ein!" ist also von nun an ein Kürzel, welches die präzise Durchführung der AKHESY®-Technik beinhaltet.

Doch bevor wir mit den Übungen ins Detail gehen, möchte ich noch etwas Generelles anmerken, was mir sehr am Herzen liegt und ich bitte dich darum, es wirklich aufmerksam zu lesen:

Sei dir bei ALLEN Übungen bewusst, dass du übst und plane das Risiko ein, dass deine medialen Resultate in den Übungen falsch sein können!

Verlasse dich bitte niemals hundertprozentig darauf!

Du übst!

Sonst besteht die Gefahr, dich zum Opfer deiner eigenen Medialität zu machen!

Dieses Buch ist für Menschen geschrieben, die sich in der feinstofflichen Wahrnehmung, der Medialität üben wollen, für Anfänger – und zur Inspiration für Fortgeschrittene.

Aber sei dir bewusst, das Buch ist und bleibt nur eine Inspiration.

Für die Richtigkeit der Resultate gibt es erst einmal keine Garantie!

Nicht umsonst biete ich seit Jahren die monatliche mediale Trainingsgruppe in meiner Ausbildung an, in der ich Korrektur und Hinweise und eventuelle Verbesserungen zum erfolgreichen medialen Empfangen gebe.

Ich habe aber bewusst Übungen in diesem Buch aufgeschrieben, die du in irgendeiner Weise kontrollieren kannst oder die Resultate überprüfen kannst. *Aber gerade bei gesundheitlichen Themen denke daran:*

Gehe kein Risiko ein und konsultiere einen Arzt!

Medialität, also unsere feinstoffliche Wahrnehmung, kann immer nur eine Ergänzung zu unserer grobstofflichen Wahrnehmung sein – Gott hat uns nicht umsonst auch unsere fünf Sinne und einen Kopf zum logischen Denken mit auf den Weg gegeben!

6. Medialität und Alltag

Medialität wird oft getrennt vom Alltag, in die Rubrik Esoterik oder Spiritualität gedrängt. Mir ist es mit diesem Buch ein Bedürfnis aufzuzeigen, wie nah diese Fähigkeiten am Leben sein können, wenn wir sie zulassen.

Gleichzeitig möchte ich dir klar machen, dass wir alle im Alltag längst medial kommunizieren, ohne dass uns dies manchmal auch nur ansatzweise bewusst ist.

Zu diesem Zweck habe ich den Alltag in zwei große Bereiche eingeteilt, die da wären:

- Der innere Berater im Alltag
- Der Kontakt zu verschiedenen Freunden

Diese beiden Bereiche wollen wir uns nun näher anschauen und durch die Übungen bewusst machen.

Ich wünsche dir viel Freude und Erfolg beim medialen Empfangen!

6.1 Der innere Berater im Alltag

Der innere Berater ist deine innere Stimme, unabhängig davon, ob du sie in dir hörst (hellhörend), einfach nur fühlst (hellfühlend) oder weißt (hellwissend). Sie gibt dir Hinweise im Alltag, korrigiert dich gegebenenfalls, kann dich führen und eventuell auch vor unangenehmen oder gefährlichen Situationen bewahren oder warnen.

Voraussetzung ist natürlich, dass du für diese Führung offen, aber auch in deiner Verantwortung bist und dich nicht zum Opfer deiner eigenen Medialität machst.

Dieser innere Berater im Alltag bezieht sich auf eigene mediale Beratungen bei der Kleidung, dem Essen, bei handwerklichen Tätigkeiten, zum Thema Post, den Medien, dem Telefonieren. Ebenso dazu gehört das große Thema der Finanzen, der Besuch von Gästen, Reisen, der Autofahrt, Wandern und natürlich auch das immer aktuelle Thema über das Wetter.

Wo auch immer wir uns befinden, es ist möglich, uns mit Hilfe der Medialität beraten zu lassen, Unterstützung beim Fällen von Entscheidungen und beim Lösen von Alltagsproblemen einzufordern oder eben den klitzekleinen Dingen des täglichen Lebens, die uns aber das Leben manchmal verdammt schwer machen können …

6.1.1 Kleidung

Auf das Thema Kleidung gehe ich im Teil IV des Buches in „Bekleidung" näher ein. Es ist ein Thema, welches beim medialen Arbeiten als unterstützende Maßnahme oder als Möglichkeit beim erfolgreichen medialen Arbeiten nicht zu unterschätzen ist. Dort gibt es einige Übungen, nicht nur mediale, die dir helfen, dein Bewusstsein in dieser Richtung zu schärfen.

Hier in diesem Teil des Buches, wollen wir dieses Thema weniger energetisch beleuchten, sondern uns rund um den Alltag praxisbezogene mediale Übungen zum Thema Kleidung anschauen.

Übung Nr. 1 **Unterstützende Farbe**

Du bist in einer bestimmten Situation, hast ein bestimmtes Problem zu lösen, eine Prüfung zu bestehen, einen Vortrag zu halten oder einen unangenehmen Gang zum Zahnarzt vor dir.

Stimme dich medial ein:

· *Welche Farbe unterstützt mich in dieser Situation, in diesem Prozess?*

Nimm die Wirkung dieser Farbe wahr. Wenn du sie zulässt und sie dir gut tut, hast du stimmig medial gearbeitet.

Übung Nr. 2 **Unterstützendes Material**

Du bist in einer bestimmten Situation oder Lage, hast einen bestimmten Prozess zu meistern, fühlst dich vielleicht ganz offen und verletzlich oder sogar instabil und möchtest dich nur zurückziehen.

Stimme dich medial ein:

Und, stimmt dein mediales Resultat mit der optischen Realität überein?

· *Welches Material in meiner Kleidung tut mir heute in meinem Prozess, in der Situation gut?*

Kleide dich entsprechend und überprüfe, wie du dich darin fühlst.
Ist es Kraft spendend, stärkend, schützend in der Situation oder nicht? Wenn nicht, hast du wohl noch nicht das richtige mediale Resultat erzielt.

Übung Nr. 3 **Kleidung der Gäste**

Du hast am Abend eine Party, ein Treffen mit Freunden, Kollegen oder der Familie. Es ist ein Treffen, auf denen sich alle für den Abend „schön gemacht" haben und nicht ihre Alltagskleidung tragen.
Stimme dich medial ein:

· *Was wird er/sie heute bei diesem Treffen oder auf der Party tragen?*

Notiere dir die medialen Resultate!

Schau dir die entsprechenden Menschen an und vergleiche die Kleidung mit deinen Notizen!

Übung Nr. 4 **Selbst passend gekleidet**

Du bist zu einem Fest, Geburtstagsfeier oder einem ähnlichem Treffen eingeladen. Es herrscht kein Dresscode.
Stimme dich medial ein:

· *Wie kleide ich mich passend für dieses Treffen?*
· *Wie sollte ich mich anziehen, in welchem Stil?*

Bei großer Unsicherheit frage lieber zuvor deinen Gastgeber.
Oder: Abwarten, und dann deine medial empfangenen Resultate mit der Realität auf dem Fest vergleichen!

Übung Nr. 5 **Witterungsgünstig gekleidet**

Du musst dich in räumliche Verhältnisse begeben, die dir unbekannt sind oder auch ins Freie, ohne zu wissen, wie das Wetter sein wird. Vielleicht gibt es gerade einen Wetterumschwung oder es droht ein Sommergewitter zu kommen.

Stimme dich medial ein:

- *Bin ich für die Witterungsverhältnisse oder Zimmer-/Raumtemperaturen, die mich erwarten werden, passend angezogen?*
- *Oder sollte ich noch etwas einpacken?*

Abwarten und mit deinen Resultaten überprüfen!

Übung Nr. 6 **Unterstützender Stil**

Die passende stilvolle Kleidung kann uns Unterstützung in unserem persönlichen Prozess geben oder wir können uns auch hinter ihr als Verkleidung verstecken.

- *Welche Stilrichtung hilft mir heute, meinem momentanen Prozess Unterstützung zugeben?*
  - *romantisch*
  - *sportlich*
  - *klassisch*

Genau so anziehen, ausprobieren und reinfühlen. Stimmt es für dich, unterstützt es dich wirklich oder macht es dich unsicher?

6.1.2 Essen und Kochen

Kochen ist ein kreativer Vorgang, und damit ein medialer. Mir macht es riesigen Spaß, medial zu kochen. Man kann damit viel Freude haben, denn das Resultat ist immer durch Probieren, Kosten und/oder Aufessen zu überprüfen.

Außerdem erspart es Kochbücher und umständliches Studieren von Rezepten und ist somit ein Zeitgewinn. Ich liebe es sehr und möchte dir hier einige Vorschläge machen.

Übung Nr. 7 **Gut gewürzt**

Du bist dabei, ein tolles Gericht deiner Wahl zu kochen. Es soll diesmal etwas ganz Besonderes mit Pfiff werden.

Stimme dich medial ein, um es zu vollenden:

· *Welches Gewürz fehlt noch?*
· *In welcher Menge sollte ich das Gewürz dosieren?*

Gewürz hinzufügen und kosten.

Übung Nr. 8 **Essen ist fertig!**

Und wieder bist du am Kochen. Ein Gericht, Nudeln, Kartoffeln, Eier, Rote Beete, oder du bist am Backen und hast den Kuchen schon im Ofen oder die Weihnachtsgans brutzelt vor sich hin.

Die einfachste Art, mediale hellschmeckende Resultate zu überprüfen: Kosten!

Da du nun nicht die ganze Zeit daneben stehst und stehen musst, stimme dich medial ein:

- *Wann ist das Essen gar?*
- *Wann muss der Kuchen, die Gans oder wann müssen die Plätzchen aus dem Ofen?*
- *Wann sind die Eier fertig, wenn ich sie weich oder mittelhart kochen will?*

Das fertige Resultat kosten.

Übung Nr. 9 **Neue Gerichte**

Gehe dorthin, wo du immer für dein Essen einkaufst – in den Supermarkt, den Bioladen oder den „Tante-Emma-Laden".

Stimme dich vor Ort medial ein:

- *Welche Gemüsearten oder Zutaten kann ich beim Kochen neu kombinieren?*
- *Welches neue Gericht kann ich mir damit zusammenstellen?*

Einkaufen, Kochen und Kosten! Du wirst sehen, ob es dir schmeckt!

Übung Nr. 10 **Essenszeiten**

Essen ist Nahrungsaufnahme.

Die Krönung des Kochvorganges ist im Idealfall das Verzehren der Speisen mit Genuss. Manchmal kann es auch ein wenig frustrierend sein, wie schnell das alles von der lieben Familie aufgefuttert wird, wenn man weiß, wie lange man mit dem Kochen beschäftigt war. Aber besser so, als wenn keiner das Essen anrührt, weil es nicht schmeckt.

Stimme dich nach Fertigstellung der Gerichte vor dem „Zu-Tisch-gehen" medial ein:

- *Wie lange werden wir am Tisch sitzen, um die zubereiteten Speisen zu verzehren?*

Mit Beginn des Essens auf die Uhr schauen und die Zeit stoppen, dann das medial empfangene Resultat vergleichen.

6.1.3 Handwerkliche Tätigkeiten

Es gibt immer irgendetwas zu reparieren oder zu basteln. Am Auto, Fahrrad, Motorrad, im Haushalt oder im und am Haus. Dabei die Fähigkeiten der eigenen Medialität zu nutzen, schafft einen intensiveren und effizienteren Lebensstil und hilft oft die kleinen nebensächlichen Aufgaben des Alltags, die aber manchmal die nervenaufreibendsten sind – clever und zügig zu bewältigen.

Übung Nr. 11 **Menge des Materials**

Du willst deine Wohnung renovieren, tapezieren oder streichen.
Auf den zu verkaufenden Farbeimern stehen bekanntlich Verbrauchshinweise, welche Menge du für wie viel Quadratmeter benötigst.
Bekanntlich sollte man sich nicht danach richten.
Stimme dich medial ein:

· *Wie viel Farbe brauche ich wirklich?*
· *Sollte ich gleich den größeren, preisgünstigeren Farbeimer kaufen oder entgegen gutem Zureden des Verkäufers doch lieber den kleinen, völlig ausreichenden Farbeimer?*

oder

· *Wie viele Rollen Tapete brauche ich wirklich für diesen Raum?*

Materialien verwerten und abwarten, was übrig bleibt:
Geld gespart oder verschwendet?

Übung Nr. 12 **Bohren und Dübeln**

Wen du Dübel in der Wand befestigst, weil du ein Regal, ein Bild oder ein Board anbringen willst, ist es ungünstig wenn du beim Bohren eine Mauerfuge triffst.
Diese Übung kann über das Hellfühlen, Hellsehen, Hellwissen oder genauso über das Hellhören ausprobiert werden.
Stimme dich medial ein und lass dich führen, wo die günstigsten Stellen zum Bohren sind!

Du wirst schon merken, wenn der Putz rieselt!

6.1.4 Post und Briefkasten

Der Briefkasten bietet sich wahrlich wunderbar an, um mediale Fähigkeiten zu trainieren, da er täglich neue Überraschungen in sich birgt, von denen du ja erst einmal nichts weißt.

Du kannst den Inhalt genauso wie die Energiequalitäten abfragen, die Menge der Post, wie die Personen oder Institutionen die dir Post gesendet haben.

Auch da das Gute: *Dank Briefkastenschlüssel ist das Resultat sofort nachprüfbar!*

Übung Nr. 13 **Wer hat geschrieben?**

Stimme dich auf dem Weg zum Briefkasten oder davor stehend medial ein:

· *Wer hat mir heute geschrieben?*

Auf den Absender schauen!

Übung Nr. 14 **Energiequalität**

Halte die ungelesene neue Post in den Händen oder stimme dich auf dem Weg zum Briefkasten oder davor stehend medial ein:

· *Welche Energiequalität hat die Post?*

Öffnen, nachlesen und reinfühlen!

Übung Nr. 15 **Inhalte**

Setze dich mit deiner Post in Ruhe nieder.

Halte die ungelesene neue Post in den Händen oder stimme dich davor sitzend medial ein:

· *Sind es Nachrichten die mir Freude bringen?*

· *Sind es Nachrichten die mir Stress oder Sorge bereiten?*

Sortiere dann die Post in diese zwei Rubriken, in dem du zwei Stapel baust. – Nun kannst du noch detaillierter herangehen und die näheren Inhalte medial empfangen, wenn du willst.

Post lesen und Nachrichten überprüfen.

Übung Nr. 16 **Postmenge**

Stimme dich auf dem Weg zum Briefkasten oder davor stehend medial ein:

· *Wie viel Post habe ich?*

Nachschauen und zählen!

Sortiere die Post in zwei Stapel: Briefe, die Freude bringen und Briefe, die sich stressig anfühlen. Achtung! Trotz aller Medialität – beide Stapel hinterher öffnen!

6.1.5 Medien

Das Medium Film im Fernsehen oder im Kino ist eine gute Übungsquelle zum Trainieren von vorausschauenden Energien und Handlungen. Aber auch Tageszeitungen, Zeitschriften, Journale und Klatschzeitungen sind eine Fundgrube zum Üben. Nachdem du medial die Inhalte oder Bilder empfangen hast, kannst du sie nachlesen und so erkennen, wie dicht du an der Wahrheit bist und wo du deine Schwächen hast.

Gerade diese Übungen mit Zeitungsartikeln oder Bildern sind zwar schwer und erfordern wahres Können, eignen sich aber hervorragend zum Üben.

Übung Nr. 17 **Schlagzeilen**

Kaufe dir eine Tageszeitung oder nimm die Zeitung, die du abonniert hast. Lege diese Zeitung ungelesen in deine Hände und stimme dich medial ein:

· *Welche Schlagzeilen gibt es heute in der Zeitung?*

Zeitung aufschlagen und nachlesen!

Übung Nr. 18 **Verlauf des Filmes**

Du bist im Kino und schaust dir einen Film an oder schaust dir im Fernsehen eine Serie oder einen Spielfilm an.

Stimme dich beim Zuschauen medial ein und frage nach:

· *Wie verläuft die nächste Filmszene?*

Einfach den Film weiterschauen!

Übung Nr. 19 **Benötigte Informationen**

Du benötigst für eine wissenschaftliche Arbeit, ein Referat, eine Hausaufgabe oder einfach privat für dich eine wichtige Information.

Viele Quellen stehen dir zur Verfügung. Um effektiv zu arbeiten und schnell ans Ziel zu kommen, stimme dich medial ein und frage nach:

· *Wo steht die Information die ich benötige?*

· *Wie gelangt sie am schnellsten zu mir?*

Probiere es aus!

Übung Nr. 20 **Inhalte der Artikel**

In vielen Zeitschriften oder Journalen gibt es Artikel über bekannte und weniger bekannte Personen, Portraits, Selbstdarstellungen oder Biografien.
Stimme dich medial auf die entsprechende Person ein und

· *bitte darum, dass dir der Inhalt des Artikels über die Person medial gezeigt wird!*
· *Bitte um die Fakten zu der bestimmten Person!*

Nachlesen und staunen!

Übung Nr. 21 **Bilder medial erkennen**

Hier eine Übung, um das Hellsehen zu üben.
Lege verschiedene Bilder in verschiedene Umschläge. Das können Fotos sein, ausgeschnittene Bilder, Zeichnungen, was immer du zur Verfügung hast. Wichtig ist, dass es mehrere Umschläge sind, in denen sich jeweils immer nur ein unterschiedliches Bild befindet.
Stimme dich nun medial ein und greife jeweils einen Umschlag heraus, halte ihn in der Hand und bitte medial darum,

· *dir das jeweilige Bild im Umschlag zu zeigen.*

Male und zeichne das Resultat danach auf!

In den Umschlag schauen und deine Zeichnung mit dem Bild im Umschlag vergleichen!

Übung Nr. 22 **Unterschiedliche Energien erkennen**

Kommen wir nun zum Hellfühlen:
Lege verschiedene Artikel mit unterschiedlichen Energien und Inhalten in verschiedene Umschläge. Dies sind am besten Zeitungsartikel, kleine Beiträge über das Weltgeschehen von heute.

Wähle dabei wirklich sehr unterschiedliche Artikel: Unfälle, Katastrophen und andere Unglücksfälle sowie im Gegensatz dazu (und das ist in unserer deutschen Zeitungswelt viel schwerer zu finden) Berichte über erfolgreiche Entdeckungen in der Forschung, Reiseberichte, Hochzeiten oder besondere Events. Dabei helfen dann diese netten auf Hochglanz gedruckten Zeitschriften über Stars und Sternchen gut.
Bilde nun zwei Stapel von Umschlägen. Einen mit eben besagten Stars- und Sternchenberichten und den anderen mit den weniger angenehmen Inhalten. Mische jeden Stapel und ziehe jeweils einen Umschlag heraus. „Mische" jetzt die beiden Umschläge, so dass du nicht weißt, von welchem Stapel sie sind.
Stimme dich nun medial ein und

· *bitte darum, dir die Energiequalitäten der Inhalte der Umschläge zeigen zu lassen.*

Schreibe deine Resultate nieder und ordne sie dem jeweiligen Umschlag zu.

Den jeweiligen Umschlag öffnen und den Inhalt mit deinen medialen Notizen vergleichen!

6.1.6 Telefon

Unbewusst stimmen wir uns alle medial ein, wenn das Telefon klingelt, um zu erfahren, wer es wohl sein kann, der uns gerade anruft. Damit ist eine ideale tägliche Übungsmöglichkeit gegeben, die viele Variationen ermöglicht.

Übung Nr. 23 **Wer ruft an?**

Das Telefon klingelt. Du erwartest keinen Anruf.
Stimme dich medial ein:

· *Wer ruft mich an?*

Abnehmen und dein Resultat vergleichen!

Übung Nr. 24 **Grund des Anrufes**

Wieder klingelt das Telefon. Ein überraschender Anruf von einer Person, mit der du lange nicht gesprochen hast.

Stimme dich während des Gespräches medial ein (das erfordert schon ein bisschen mehr Übung!) und frage:

· *Was will er/sie?*

· *Was ist der Grund des Anrufes?*

Weitertelefonieren und du wirst es erfahren!

Übung Nr. 25 **Erreiche ich jemanden?**

Du musst ein Telefonat erledigen. Aber die Person wartet nicht auf deinen Anruf und es ist ungewiss, ob du sie überhaupt erreichen wirst. Nutze die Chance, um dich medial zu üben, stimme dich ein und frage:

· *Ist er/sie da wenn ich jetzt anrufe?*

oder

· *Wann ist ein günstiger Zeitpunkt die Person telefonisch zu erreichen?*

Hinweis:

Manchmal ist es auch so, dass man nur eine Nachricht auf dem Anrufbeantworter hinterlassen will, und diese Person am liebsten nicht erreichen möchte, weil man unter Zeitdruck steht. Denn diese Person wird einem wieder die Ereignisse der letzten Woche berichten wollen, wenn sie einen schon mal an der Strippe hat, obwohl diese einen gar nicht interessieren. In dem Fall kannst du diese Übung natürlich auch dafür nutzen.

Anrufen und überraschen lassen, was passiert!
Glück gehabt oder Pech?

Übung Nr. 26 **Gesprächsverlauf**

Du rufst jemanden an, weil du etwas Wichtiges mitzuteilen hast.

Du bist noch nicht sicher, wie die Person das auffassen wird und vor allem wie sie darauf reagieren wird.

Diese mediale Übung kannst du auch bei einem Gespräch unter vier Augen anwenden, es muss nicht nur am Telefon sein.

Stimme dich medial ein und stelle die Frage:

- *Wie verläuft das Gespräch?*
- *Wie wird die Person reagieren?*
- *Worauf muss/sollte ich im Gespräch achten?*

Anrufen, wach sein und Resultate vergleichen!

Übung Nr. 27 **Was macht die Person gerade?**

Wenn du einen Anruf zu tätigen hast, der eine Person erreichen soll, mit der du nicht so vertraut bist, ist es gut, einen günstigen Moment abzupassen, um nicht zu stören. Dafür ist diese Übung sehr hilfreich. Du kannst sie aber auch nutzen, wenn du Freunde anrufst, um gleich Berichterstattung deiner medialen Resultate zu erhalten.

Stimme dich vor einem Anruf, den du tätigen willst, medial auf die Person ein und frage nach:

- *Was macht er/sie gerade wenn ich anrufe?*

Vergleiche dein Resultat mit der Reaktion der Person oder frage nach, ob du störst oder was sie gerade gemacht hat!

6.1.7 Finanzen

Das liebe Thema Geld und Finanzen ist ein immer aktuelles Thema. Egal, wie viel oder wie wenig zur Verfügung steht, es beschäftigt uns dauernd. Auch hierzu einige mediale Übungen, die den Umgang mit Geld erleichtern und auch bewusster machen können.

Übung Nr. 28 **Der Finanzengel**

Der sichere Umgang mit Geld muss gelernt sein.

Die geistige Welt kann dir dabei helfen. Nutze diese Möglichkeit, wenn du willst.

Erschaffe dir einen Finanzengel! Konsultiere ihn in allen Geld- und Finanzierungsangelegenheiten!

Vergleiche die Ratschläge mit denen, die du von kompetenten irdischen Finanzberatern erhältst bzw. die deinem eigenem logischen Ratio entspringen!

Jeder Mensch sollte einen Finanzegel haben.

Übung Nr. 29 Der Preis

Wer sich noch an die so wahnsinnig anspruchsvolle Fernsehshow „Der Preis ist heiß!" erinnern kann, darf sich jetzt bewusst werden, dass die Basis dieser Sendung ganz viel mit Medialität zu tun hatte – es sei denn, man kannte als echter Konsumfreak die Preise aller Supermärkte auswendig …

Gehe durch einen Supermarkt, eine Edelboutique oder ein Einkaufscenter bummeln.

Suche dir dann ein Produkt nach Wunsch aus!

Stimme dich nun medial ein und stelle dir dann die Frage:

· *Was kostet die Ware?*

Und beantworte sie medial.

Schau dir das Preisschild an!

Übung Nr. 30 Kredit beantragen

Bei größeren Anschaffungen wie einem Hauskauf oder -bau oder einem neuen Auto, kommen wir meistens nicht umhin, einen Kredit zu beantragen. Der Weg zur Bank ist oft mit Herzklopfen verbunden, ob der Kredit gewährleistet wird oder nicht und zu welchen Konditionen wir ihn erhalten.

Stimme dich medial ein und frage nach:

· *Welche Chancen habe ich beim Gespräch mit dem Bankangestellten wegen des Kredits?*

· *Was hilft mir, das Gespräch in eine erfolgreiche Richtung zu lenken?*

Tipps beherzigen, wach sein und überraschen lassen!

Übung Nr. 31 Die Endsumme

Gehe in einem Supermarkt oder in ein Geschäft deiner Wahl und tätige deinen Wochenendeinkauf. Am besten, du gehst mit deiner Familie oder mit Freunden dahin, denn diese Übung ist ein schönes mediales Spielchen, wenn ihr Zeit habt.

Bevor du an die Kasse gehst, stimme dich oder stimmt ihr euch alle medial ein und empfangt:

· *Wie hoch ist die Gesamtsumme des Einkaufs?*
Schreibt euch die jeweils medial empfangene Summe auf!

Dein Kassenbon zeigt die richtige Antwort!
Wer liegt am nächsten dran?

6.1.8 Gäste und Besuch

Dieses Kapitel möchte ich in zwei Aspekte unterteilen:

- selbst Gast sein, also zu Besuch sein
- Besuch empfangen, also Gastgeber/in zu sein

Prost! Gepflegte Konversation bei Tisch oder spannende Storys vom letzten Urlaub?

Übungen für dich als Gast

Wenn Du selbst Gast bist, befindest du dich nicht in deinem eigenen Heim – alles ist neu, anders, fremd. Es sei denn, du bist bei deiner besten Freundin oder deinem Kumpel, wo du dich schon wie zu Hause fühlst und dich vielleicht besser auskennst als er oder sie selbst – so etwas soll es geben!

Übung Nr. 32 **Fremde Wohnung kennen lernen**

Wenn du die Wohnung zum ersten Mal betreten hast, wirst du bestimmt auch einmal auf die Toilette gehen wollen oder vielleicht auch beispielsweise deiner Gastgeberin helfen wollen, etwas aus der Küche hinauszutragen.

So kannst du vor Ort medial arbeiten:

· *Wo ist die Toilette?*

· *In welchen Raum ist die Küche?*

· *Wie ist der Weg dahin?*

Wohnungsbesichtigung machen oder nachfragen!

Übung Nr. 33 **Einrichtung der Wohnung**

Wenn du die Wohnung deines Gastgebers noch nie betreten hast, kannst du dich vorher zu Hause medial einstellen:

· *Wie sieht die Wohnung aus?*

· *Wie ist sie eingerichtet?*

· *Welche Farben herrschen vor?*

· *In welchem Stil ist die Wohnung eingerichtet?*

Beim Besuch kannst du das dann alles bestens überprüfen!

Übung Nr. 34 **Besuchsgespräche**

Gepflegte Konversation bei Tisch oder spannende Storys vom letzten Urlaub? Gags und Pleiten bei der Kindererziehung oder die letzten Opernbesuche und Kunstausstellungen?

Stimme dich nach der erhaltenen Einladung medial darauf ein und empfange, welche Gespräche dann stattfinden könnten oder stattfinden werden.

· *Welche Gespräche liebt der Gastgeber?*
· *Welche Themen der Unterhaltung bevorzugt er?*
· *Wie werden die Gespräche verlaufen?*
· *Steif, anstrengend oder locker, unkonventionell und entspannt?*

Schreibe dir die Resultate vor dem Besuch genau auf!

Spätestens nach dem Besuch kannst du deine medialen Botschaften einschätzen. Waren sie korrekt oder hast du daneben gelegen! Vergleiche deine Notizen!

Übungen für dich als Gastgeber/in

Als Gastgeber/in dagegen ist es dein Bemühen – das hoffe ich doch – deine Gäste zu verwöhnen und alles zu tun, damit es ihnen gut geht und sie sich wohlfühlen. Auch dafür hier nun einige mediale Übungen zur Inspiration und einer gelungenen Einladung!

Übung Nr. 35 Bevorzugtes Essen

Wenn du eine Einladung ausgesprochen hast, stimme dich medial ein und stelle folgende Fragen:

· *Mit welchem Essen kann ich meine Gäste beglücken?*
· *Welche Snacks lieben sie?*

(Vorher als Feedbackmeldung nachzufragen empfiehlt sich trotzdem, damit es ein gelungener Abend wird ...)

Freunde oder die geladenen Gäste selbst fragen. Oder überraschen lassen!

Übung Nr. 36 Bevorzugte Getränke

Wenn du eine Einladung ausgesprochen hast, stimme dich dann in Ruhe medial ein und stelle folgende Fragen:

· *Mit welchen Getränken kann ich meine Gäste überraschen?*

Mit Sekt, Weinschorle oder lieber einem kühlen Bier? Oder mit einem Cognac nach dem Essen? Sollte es ein schöner heißer frisch aufgebrühter Tee sein oder doch lieber ein Latte Machiato?

(Vorher nachzufragen oder ein größeres Angebot an Getränken bereitzuhalten ist aber empfehlenswert, damit es ein gelungener Abend wird!)

**Freunde oder die geladenen Gäste selbst fragen.
Oder überraschen lassen!**

Na, wie richtig hast du mit deiner medialen Antwort gelegen? Freuen sich die Gäste über den Wein oder vermissen sie das Bier?

Übung Nr. 37 Ambiente

Wenn du eine Einladung ausgesprochen hast, stimme dich medial ein und stelle folgende Fragen:

· *Welches Ambiente lieben meine Gäste?*
· *Welche Musik passt dazu?*

Überraschen lassen, denn wenn es in Liebe vorbereitet und gemacht ist, kann ja nix schief gehen!

Übung Nr. 38 Pünktlichkeit

Diese Übung ist unglaublich hilfreich und hat mich als Gastgeberin schon oft gerettet.

Stimme dich einige Stunden vor dem erwarteten Besuch medial ein:

· *Kommen meine Gäste pünktlich?*
· *Kommen sie zu spät?*
· *Wenn ja, wie spät?*
· *Kommen sie etwa zu früh, so dass ich noch während der Vorbereitung bin?*

Auf die Uhr schauen, wann der Besuch kommt!

Übung Nr. 39 Dauer des Besuches

So schön wie es ist Gäste zu bewirten, aber wenn zu vorgerückter Stunde freut man sich auch, wenn sie wieder gehen.

Stimme dich vor dem Besuch ein:

· *Wie lange bleiben die Gäste?*
· *Wann gehen sie?*
· *Wie gehen sie?*
· *Gehen sie spontan oder bleiben sie noch eine Stunde im Mantel im Flur stehen, weil ihnen immer noch etwas einfällt, was unbedingt erzählt werden muss?*

Notiere dir die medialen Antworten!

Vergleiche den realen Zeitpunkt und die Art ihres Verabschiedens und Gehens mit deinen medialen Resultaten!

Na, zum Glück hast du medial empfangen, dass die Familie Johnson immer überpünktlich ist! Sonst wäre der Tisch noch nicht gedeckt …

6.1.9 Reisen

„Wenn einer eine Reise tut, dann kann er was erzählen." – so heißt ein altes Sprichwort. Reisen sind immer kleine Abendteuer, bei denen man viel erleben und die Fähigkeit der Medialität hilfreich einsetzen kann.

Den richtigen Reisezeitpunkt zu wählen, kann einem unter Umständen das Leben retten. Ich persönlich könnte darüber unendlich viel berichten und bin mir bewusst, dass mich das Universum schon so manches Mal durch den günstigen Reisetermin geschützt hat.

Denn man muss nicht unbedingt in Waldbrände, Erdbeben, Bürgerkriege, Meteoriteneinschläge oder abstürzende Flugzeuge geraten.

Allerdings bin ich auch der Meinung, wenn es sein soll, dann soll es sein – dann hat sich die Seele diese Erfahrung ausgesucht. Dann nützt auch die beste Medialität nichts!

Übung Nr. 40 **Abfahrtszeiten**

Du hast keinen Fahrplan zur Hand und musst mit öffentlichen Verkehrsmitteln eine Strecke zurücklegen.

Wenn du sowieso sinnlos an der Haltestelle stehst und die Zeit totschlägst, kannst du auch deine medialen Fähigkeiten trainieren.

Stimme dich also medial ein und frage nach:

· *Wann fährt der Bus?*

· *In wie vielen Minuten kommt er?*

· *Wann fährt die Bahn? etc. …*

Überraschen lassen oder auf den Fahrplan vor Ort schauen!

Übung Nr. 41 **Losgehen**

Du hast einen Termin oder musst zum Bahnhof, zum Flughafen oder verabredest dich in der City mit einer Freundin.

Um pünktlich und ohne Stress anzukommen, stimme dich vor deiner Reise zur Planung medial ein und frage nach:

· *Wann muss ich aus dem Haus gehen, um pünktlich anzukommen?*

Ausprobieren!

Übung Nr. 42 Günstiger Reisetermin

Diese Übung wird in meiner beratenden Tätigkeit sehr gerne in Anspruch genommen und hat schon gute Dienste geleistet. Gerade für all diejenigen, welche längere Dienstreisen antreten müssen oder in der Entwicklungshilfe arbeiten und in Krisengebiete fahren sollen.
So bezieht sich natürlich der Reisetermin nicht nur auf den Tag, sondern impliziert damit auch unterschiedliche Bahn- oder Flugverbindungen mit unterschiedlichen Zwischenstopps.
Wenn du also eine Reise planst, stimme dich medial ein und frage nach:

- *Wann ist der günstigste Reisetermin?*
- *Welches geeignete Verkehrsmittel sollte ich wählen?*
- *Sollte ich heute oder morgen fahren?*
- *Sollte ich morgens oder zum Abend reisen?*

Ausprobieren und auch auf jeden Fall Nachrichten hören!

Übung Nr. 43 Pünktliche Ankunft

Du bist auf einer Reise per Bahn, Zug oder Flugzeug unterwegs.
Auch da kannst du dich medial üben. Stimme dich ein und frage nach:

- *Kommt der Zug/Flieger oder die Bahn pünktlich am Zielort an?*
- *Gibt es Verspätungen?*

Lass dich überraschen!

Übung Nr. 44 Pannen und Störungen

Wenn du auf einer längeren Reise unterwegs bist, sind Pannen oder Störungen verschiedener Art nie ausgeschlossen. Das Auto kann liegen bleiben, der Zug bleibt plötzlich stundenlang wegen eines blockierten Gleises stehen oder das Kind hinter dir im Bus muss sich laufend übergeben, so dass dir auch schon ganz schlecht ist …
Stimme dich vor Reiseantritt medial ein und frage nach:

- *Hält das Auto/der Bus auf der langen Reise durch?*
- *Gibt es eine Panne?*

· *Wird die Zugfahrt/Busreise friedlich verlaufen oder gibt es Störungen?*
Schreibe die erhaltenen medialen Resultate noch vor Antritt der Reise auf.

Vergleiche nach der Reise die Erlebnisse mit deinen medialen Aufzeichnungen!

Übung Nr. 45 Reisebegleitung

Jeder Mensch ist daran interessiert, wenn er schon reisen muss – was immer mit Entbehrungen und Verlust der üblichen Bequemlichkeiten verbunden ist –, wenigstens eine friedliche Reise mit netten Mitreisenden zu haben.
Doch manchmal ist das nicht so einfach. Wenn das Baby im Abteil nicht aufhört zu schreien oder der ewig nörgelnde Alte schräg gegenüber zu Allem seinen Kommentar abgibt oder die Gruppe Jugendlicher meint das Abteil gehört ihnen und alle Mitreisenden müssen ihren Musikgeschmack teilen.
Manchmal hilft es bestimmte Dinge schon im Voraus zu wissen, um sich darauf einstellen zu können um so eventuelle Zusammenstöße zu vermeiden.
Zu diesem Zweck stimme dich vor Antritt der Reise medial ein und frage nach:
· *Wie sind die Menschen in dem Zugabteil oder Reisebus?*
· *Gibt es nette Begegnungen oder Stress mit Mitreisenden?*

Die Reise wagen und überraschen lassen!

Ist das Leben nicht wunderschön?

6.1.10 Auto

Zum Leidwesen meiner Lieben fahre ich Auto sehr medial. Zugegeben, es erscheint ihnen manchmal ein bisschen riskant, aber mir ist, Himmel sei Dank, seit fast 30 Jahren noch nie etwas beim Autofahren passiert.

Ich fahre sehr vorsichtig, da aber meine Art der Kontrolle und Einschätzung der Verkehrslage nicht unbedingt der üblichen Art entspricht, verunsichere ich damit manchmal meine Beifahrer, weil ich mich immer medial leiten lasse.

Aber Achtung!
Die Straßenverkehrsordnung geht natürlich vor, und die medialen Übungen sind alle im Rahmen dieser.

Und: Falls dir diese Übungen beim Autofahren zu riskant sind, weil du dich dann nicht auf das Autofahren und die Verkehrssicherheit konzentrieren kannst: Lass die Finger davon und überspringe am besten dieses Kapitel!

Aber vielleicht bist du ja auch begeistert, weil du erkennst, das du schon lange genau so merkwürdig Auto fährst wie ich und es nur noch nicht einordnen konntest, dass deine Art zu fahren einer medialen Quelle entspringt.

Übung Nr. 46 **Parkplatz**

In Großstädten gleicht das Finden eines Parkplatzes manchmal sehr dem Ergattern eines ausgefallenen Weihnachtsgeschenkes.

Manchmal überlege ich mir sehr wohl, ob ich mit dem Auto fahre, oder doch mit dem Fahrrad, obwohl es regnet, weil ich weiß, dass ich dort, wo ich hin will, keinen Parkplatz finde. – Da hilft die Medialität gut weiter. – Stimme dich kurz vor dem Zielort medial ein und lasse dich medial dahin führen, wo ein Parkplatz frei ist.

Das ist die Variante des Hellfühlens, des automatischen Fahrens – ähnlich des automatischen Schreibens. Oder frage klar nach:

· *Wo finde ich meinen Parkplatz?*

Und begib dich dann an die gezeigte Stelle.

Du wirst es schon sehen …

Übung Nr. 47 **Schneller vorankommen**

Manchmal hat man es sehr eilig, und auf einer mehrspurigen Straße fährt natürlich immer ein Auto vor einem, welches ein fremdes Nummernschild hat oder ansonsten merkwürdige Manöver zur Unlust aller macht.

Du sitzt wie auf Kohlen und wagst nicht auf die Uhr zu schauen, weil du eh schon spät dran bist …

Stimme dich medial ein und lass dir zeigen:

· *Auf welcher Spur komme ich schneller voran?*

Ausprobieren und vergleichen!

Übung Nr. 48 **Sprit**

Wer kennt das nicht! Du fährst schon auf Reserve und hast dann auch noch die Ausfahrt zur Tankstelle verpasst. Toll!

30 Kilometer sind es noch bis zur nächsten Tankstelle. Diese Fahrten kosten immer Nerven. Ich habe es auch schon mit Reiki erfolgreich versucht, die fehlende Energie des Autos auszugleichen. Um dich zu beruhigen, stimme dich medial ein und frage nach:

· *Reicht der Sprit noch?*

· *Muss ich vorzeitig abfahren um eine Tankstelle zu suchen?*

Dein Auto gibt dir die Antwort!

Übung Nr. 49 **Wie wird die Reise?**

Hast du eine längere Autofahrt vor dir, kann es hilfreich sein, wenn du dich darauf einstellen kannst und im Voraus schon ein wenig weißt, was auf dich zukommt.

Oder du nutzt diese Übung einfach nur dazu, um dich wieder ein wenig im medialen Arbeiten zu üben.

Stimme dich medial ein, um zu erfragen:

· *Wie wird die Fahrt?*

· *Gibt es besondere Vorkommnisse?*

· *Gibt es etwas zu beachten beim Fahren?*

Losfahren und vergleichen!

Übung Nr. 50 Stau

Stau bringt immer Freude, vor allem, wenn man es eilig hat oder auch im Winter, wenn das Auto dann irgendwann schön ausgekühlt ist und die so angenehme Sitzheizung ebenfalls nicht mehr arbeitet.
Stimme dich medial ein und erfrage:

- *Wie lange dauert der Stau?*
- *Wie kann ich den Stau umfahren?*

Abwarten und vergleichen. Umfahrung ausprobieren und Verkehrsnachrichten hören!

Übung Nr. 51 Parkplatz und Pause

Manchmal ist Autofahren über längere Strecken nur öde, und schlimm wird es, wenn man merkt, dass sich die Müdigkeit einschleicht. Bei einer fehlenden Pause hilft auch die beste aufmunternde Musik nichts.
Oder der Hunger plagt dich. Du hast Durst oder musst unbedingt auf die Toilette. Nutze diese Bedürfnisse zum medialen Üben und stimme dich ein, um nachzufragen:

- *Wann kommt der nächste Parkplatz oder Rasthof?*
- *Wie schnell bekomme ich meinen nächsten Kaffee?*

Auf die Uhr und den Kilometerstand schauen, und dann die Realität mit dem empfangenen Resultat überprüfen!

Übung Nr. 52 Tankstelle

Du weißt, dass du nicht mehr viel Benzin im Tank hast und planst gedanklich schon einen Tankstopp ein. Auch das kannst du medial üben, in dem du dich einstimmst und nachfragst:

- *Wo kommt die nächste Tankstelle?*
- *Wie weit ist es noch bis dahin?*
- *Wie finde ich zur Tankstelle?*

Ausprobieren und überraschen lassen!

6.1.11 Wandern, Klettern und Spazieren

Wenn wir in der freien Natur Wandern, Klettern oder einfach spazieren gehen, kann es passieren, dass wir vom Weg abkommen, uns verlaufen oder die falsche Richtung einschlagen.

Ich persönlich lasse mich medial führen wenn ich durch einen Wald wandere. Wenn ich mich im Wald verlaufen habe, war es dann, wenn ich mich auf Wandermarkierungen und Hinweisschilder verlassen habe, die mein Kopf dann ernster nahm als meine eigenen Eingebungen.

Ja, wo laufen sie denn?

Übung Nr. 53 **Wegeverlauf**

Spazieren gehen oder Wandern ist sehr erholsam und entspannend, wenn man weiß wo es langgeht.

Hast du dich aber bei einem Spaziergang verlaufen und weißt nicht mehr weiter – wie oder wo der Weg weitergeht –, kann dir die Fähigkeit der Medialität sehr von Nutzen sein.

Stimme dich medial ein:

- *Wie geht der Weg weiter?*
- *Wie muss ich gehen, um da anzukommen, wo ich hin will?*

Ausprobieren und überraschen lassen!

Übung Nr. 54 **Bester Weg**

Wenn du bei einer Tour unsicher bist, wie der Weg am besten weiter geht, ohne große Umwege zu gehen oder Gefahren zu riskieren, stimme dich medial ein

- *Welcher Weg ist kürzer?*
- *Welcher Weg ist schönee?*
- *Welcher Weg ist sicherer?*

Ausprobieren oder andere ortskundige Menschen fragen!

Übung Nr. 55 **Rast**

Du bist bei einer Wanderung oder größeren Tour und brauchst eine Pause. Wenn du hungrig oder durstig bist und dich nach einer Rast sehnst, stimme dich medial ein,

- *Wo ist das nächste Gasthaus oder Café?*
- *Wie weit ist es noch bis dahin?*
- *Wann kommt die nächste Berghütte?*

Mit der Uhr deine Resultate vergleichen!

Wandern mit medialen Fähigkeiten ist meist sicherer als jede Wanderkarte.

Übung Nr. 56 **Vom Weg abgekommen**

Wenn eine Gruppe von Menschen eine Wanderung macht, ist es wichtig, dass alle zusammenbleiben und niemand abhanden kommt. Trotzdem kann es passieren, dass ein Mensch verloren geht.
Vielleicht ist er beim Wandern vom Weg abgekommen. Oder er hat den Anschluss verpasst, weil er mal schnell im Gebüsch verschwunden war oder er war vorausgelaufen und hat den falschen Abzweig genommen.
Stimme dich medial ein und frage nach:

- *Wo habe ich ihn verloren?*
- *Wo befindet er sich jetzt?*
- *Was macht er jetzt?*
- *Wie sollen wir uns jetzt am besten verhalten?*

Wenn du ihn bald wiederfindest, muss du wohl die richtige Antwort empfangen haben …

Übung Nr. 57 **Nochmals vom Weg abgekommen**

Dieselbe mediale Übung funktioniert natürlich auch, wenn du die Anderen beim Wandern verloren hast.

- *Wo habe ich die Anderen verloren?*
- *Was macht die Gruppe jetzt?*
- *Wie soll ich mich jetzt am besten verhalten?*

Wenn du selbstständig wieder zu den anderen stößt, muss du wohl die richtige Antwort empfangen haben …

Übung Nr. 58 **Treffen**

Du willst dich mit Freunden in der freien Natur verabreden, wo du dich nicht auskennst und es keine klaren Markierungs- oder Orientierungspunkte gibt.
Um sicher zu gehen, dass ihr euch findet, stimme dich medial ein und frage nach:

- *Wo finde oder wo treffe ich sie?*

Ausprobieren

6.1.12 Wetter

Das Wetter beschäftigt die Menschen seit je her. Vom Wetter hängt unsere Ernte ab, unsere Energieversorgung und auch unsere Trinkwasserversorgung – ohne Wasser kein Leben.

Unwetter können unser Leben oder Teile davon zerstören: Sturmfluten, Überschwemmungen, Orkane oder anhaltende Dürre.

Die traditionellen Rituale der Regenmacher der Indianer und anderer Naturstämme sind keine Spinnerei, sie kommunizieren mit den Naturgewalten. Ähnliche Versuche, natürlich im Kleinen, kannst du mit den folgenden medialen Übungen ausprobieren.

Erschaffe dir den feinstofflichen Wetterfrosch! Ein pflegeleichtes Haustier, welches nützliche Dienste leistet!

Übung Nr. 59 **Der Wetterfrosch**

Es ist schon sehr hilfreich zu wissen, wie das Wetter wird. Der Wetterbericht erfreut sich nicht umsonst seit eh und je großer Beliebtheit!
Kreiere deinen eigenen täglichen Wetterbericht!
Erschaffe dir dazu einen feinstofflichen Wetterfrosch!
Stimme dich dann medial ein und befrage deinen Wetterfrosch täglich, oder wann immer du willst, nach dem Wetter!
Schreibe die Resultate nieder!

Vergleiche die empfangenen Resultate mit dem tatsächlichen Wetter. Wenn du möchtest, führe ein Wetterprotokoll!

Übung Nr. 60 **Wie wird das Wetter**

Ähnlich dem feinstofflich erschaffenen Wetterfrosch kannst du auch spontan die geistige Welt nach dem kommenden Wetter fragen. Beziehe es aber auf bestimmte Situationen oder Tage!
Stimme dich also medial ein und frage beispielsweise Folgendes:

· *Wie wird das Wetter morgen?*
· *Regnet es morgen?*
· *Scheint auf der Wanderung die Sonne?*

Notiere dir die Resultate!

Abwarten und vergleichen!

Übung Nr. 61 **Der Schirm**

Regen ist nützlich, aber auch störend wenn wir unterwegs sind.
Kennst du das: Immer, wenn du einen Schirm bei dir hast, bleibt es trocken – und wenn du keinen mitnimmst, regnet es in Strömen?
Stimme dich deshalb medial ein bevor du aus dem Haus gehst, und frage nach:

· *Brauche ich heute für unterwegs einen Schirm?*

Wetter beobachten und freuen, wenn du einen Schirm bei Regen mit dir führst!

Übung Nr. 62 **Wettergünstige Kleidung**

Wenn du schon früh, vielleicht früh bei Sonnenschein, aus dem Haus gehst, den ganzen Tag noch vor dir hast und viel unterwegs bist, heißt das noch lange nicht, dass es den ganzen Tag so sonnig bleibt. Damit du dich dem Wetter entsprechend kleiden kannst, stimme dich medial ein und frage beispielsweise Folgendes nach:

· *Muss ich mich heute warm anziehen?*

· *Reicht heute meine dünne Jacke?*

Und? Schwitzt du dich in deinen Sachen halbtot oder hast du das Wetter stimmig medial empfangen?

· *Sollte ich einen Pullover mitnehmen?*
· *Sollte ich heute lieber feste Schuhe anziehen?*
· *Kann ich heute wirklich barfuß in meine Sandaletten schlüpfen?*

Nimm das Wetter bewusst wahr, vergleiche deine medialen Resultate und beobachte dich den Tag über, ob du wirklich dem Wetter entsprechend gekleidet bist!

Übung Nr. 63 Party unter freiem Himmel

Gerade in den Sommermonaten sind die reizvollsten Partys die unter freiem Himmel. Nichts ist ärgerlicher als eine geplatzte Party wegen einem Regenguss!
Um dem vorzubeugen, stimme dich medial ein und hinterfrage am besten folgendes:
· *Kann die Party heute Abend im Freien stattfinden?*
· *Bleibt es den nächsten Abend noch trocken und warm?*
· *Hält das gute Wetter noch den Abend?*
· *Sollten Ausweichmöglichkeiten geschaffen und Schirme oder Partyzelte wegen Regen aufgestellt werden?*

Lass die Party kommen und vergleiche das Wetter mit deinen medialen Resultaten!

Übung Nr. 64 Der erste Nachtfrost

Irgendwann ist es soweit! Der erste Nachtfrost kommt und es ist wichtig, dass alle Pflanzen die keinen Frost vertragen, wieder drinnen oder aus dem Boden sind. Damit es zu keinen bösen Überraschungen kommt und dir deine liebgewordenen Pflanzen erfrieren, stimme dich medial ein und frage Folgendes:
· *Muss ich meine Balkonpflanzen schon winterfest machen?*
· *Wann kommt der erste Nachtfrost?*
Schreibe dir deine Resultate in deinen Kalender.

Wetterbericht hören und das Wetter mit deinen Resultaten vergleichen!

6.2 Kontakt zu verschiedenen Freunden

Mit Freunden meine ich alle Lebewesen die uns umgeben und mit denen wir auch medial in Kontakt treten können. Diese Art von Kontakt bezieht sich auf alle sichtbaren und unsichtbaren Lebewesen, die da wären: Kristalle und Mineralien, Pflanzen, Tiere und eigene Haustiere, hilfreiche Licht- und Engelwesen und natürlich die große Rubrik Liebesbeziehungen und Beziehungen zu anderen Menschen. Mit Menschen können wir uns über die Sprache vermitteln, schwieriger wird es aber dann, wenn die Topfpflanze kränkelt, der Hund nicht mehr frisst, das Pferd plötzlich scheut, die Hecke voll Ungeziefer ist und unser geliebter Bergkristall trübe geworden ist.

All diese Freunde können sich nicht per Wort mitteilen, so dass wir uns anderer Wege der Kommunikation bedienen müssen.

Zu diesen Freunden medialen Kontakt aufzunehmen, hilft uns deshalb sie besser zu verstehen, ihre Bedürfnisse zu erfahren und damit eine gewinnbringende glückliche Beziehung aufzubauen, egal, ob es nun das Meerschwein, die Nacktschnecke oder die Winteraster ist.

6.2.1 Kristalle und Mineralien

Kristalle und Mineralien sind Lebewesen mit der niedrigsten Schwingungsfrequenz. Falls du schmunzelst und denkst: „Wie, das sind doch nur Steine?“, dann sind diese Übungen für dich vielleicht gerade als Horizont erweiternde Erfahrung richtig.

Falls du schon „Steine“ liebst, mit ihnen arbeitest und vielleicht deren Heilwirkung schon kennen gelernt hast, sind die Übungen eine Inspiration, noch andere Ebenen mit ihnen erfahren zu können.

Solltest du noch keine Mineralien oder Kristalle haben, dann ist die erste Übung für dich als Einstieg ideal.

Übung Nr. 65 **Mineraleinkauf**

Entschließt du dich dazu, dir neue Freunde in Form von Mineralien und Kristallen zuzulegen, dann empfehle ich dir Folgendes:

Besuche einen Laden, der Mineralien und Kristalle verkauft.
Suche dir in diesem Laden eine ruhige Stelle, stimme dich medial ein und lass dich führen, welcher Kristall zu dir will!
Konzentriere dich dabei besonders auf deine Fähigkeit des Hellfühlens und des Hellhörens, denn es kann sein, dass er dich regelrecht ruft. Wirklich!

1. **Nimm den entsprechenden Kristall in die Hand und spüre, wie du dich mit ihm fühlst, ob er dir gefällt bzw. dir seine Schwingung sympathisch ist.**
2. **Frage den Verkäufer, welche heilende Wirkung der Kristall hat (wofür und wogegen er also ist) und überprüfe, inwieweit dies etwas mit dir zu tun hat!**

Übung Nr. 66 Geschichte des Minerals

Für diese Übung kannst du deine eigenen Mineralien oder Kristalle nehmen oder auch fremde.
Nimm sie dazu in die Hand.
Stimme dich medial ein und frage ein Mineral oder einen Kristall deiner Wahl nach seiner Geschichte:

- *Was hat er erlebt?*
- *Wo kommt er her?*
- *Wie ist er bis zu dir gekommen?*

Schwierig aber möglich ist es, den Verkäufer nach der Geschichte des Minerals zu fragen oder die Person, von der du ihn erhalten hast.

Übung Nr. 67 Bedürfnisse des Minerals

Wenn du Kristalle oder Mineralien besitzt, möchtest du bestimmt auch, dass deine steinernen Freunde sich bei dir wohl fühlen, denn nur so können sie dir auch erfolgreich dienlich sein.
Stimme dich zu diesem Zweck medial ein. Frage nun einen deiner Mineralien medial, ob er sich etwas Bestimmtes wünscht:

- *Was braucht er?*
- *Welche Bedürfnisse hat er?*

Ausprobieren, d. h. diese Bedürfnisse erfüllen und den Mineral beobachten, ob und wie er seine Schwingung verändert.

Übung Nr. 68 **Reinigung**

Mineralien nehmen alle unterschiedlichen Raumenergien in sich auf und benötigen genauso regelmäßig wie wir auch einmal eine Reinigung. Nur wenn sie gereinigt sind, können sie uns mit dem behilflich sein, was sie leisten können. Sonst besteht die Gefahr, dass sie einfach an Schwingungen übersättigt sind und regelrecht zu ersticken drohen.

Stimme dich medial ein und frage nach, *ob der Mineral oder Kristall eine Reinigung benötigt!*

Wenn ja, frage ihn, wie lange er gereinigt werden will.

Ausprobieren und seine veränderte Schwingung kontrollieren!

6.2.2 Pflanzen und Garten

Pflanzen umgeben die Menschen schon seit ewigen Zeiten. Seien es nun die Blumen im Beet, die Topfpflanzen im Wohnzimmer oder die Bäume und Sträucher an der Straße oder in Wäldern und in Auen. Manche Menschen können sich glücklich schätzen und besitzen einen eigenen Garten. Darin gibt es Unmengen von Pflanzen: Sträucher, Gemüse, Obstbäume, Kräuter und „Unkräuter“. Lebewesen über Lebewesen, von den Schnecken mal ganz abgesehen …

Da der Bereich Pflanzen so ein weites Feld ist, möchte ich dieses Kapitel unterteilen, in Pflanzen die dir selber gehören und bei denen du gegebenenfalls auch Hand anlegst, und in Pflanzen die deinen Lebensraum ausmachen, die aber nur indirekt mit dir zu tun haben.

Ich gehe hierbei aber in erster Linie auf die nonverbale Kommunikation mit Pflanzen ein, noch nicht auf das Hellsehen der Aura der Pflanzen und der sie bewohnenden Pflanzenwesen.

Diese Fähigkeiten bedürfen großer Übung und werden in meinem weiterführenden Buch „Medialität für Fortgeschrittene“ ausführlich behandelt.

Übung Nr. 69 **Pflanzen beschneiden**

Wenn du eine Topfpflanze in der Wohnung oder auch eine Pflanze, einen Strauch oder einen Baum in deinem Garten schneiden willst, dann frage zuerst medial:

· *Ob und wie du diese Pflanze schneiden sollst oder darfst.*

Es ist gut, wenn du dabei noch nicht mit der Schere kommst, sondern nur du, sonst erschrickt die Pflanze und die Kommunikation kann

„Wann legst du endlich mal wieder die CD von „Falco“ auf? Und dann übrigens: Danke! Der Dünger war lecker...!“

gestört sein. Das ist kein Witz! – Wenn sie ihr „Ja“ zum Schneiden gegeben hat, dann nimm die Schere und:

- *Lass dir von ihr genau zeigen, an welcher Stelle du mit der Schere ansetzen darfst!*

1. **Wenn die Pflanze nicht oder nur wenig „blutet“, ist es ein Zeichen, dass es stimmige Stellen waren.**
2. **An der Art der neuen Triebe und dem guten Wachstum erkennst du ebenfalls, dass du die Schnittstellen richtig empfangen hast.**

Übung Nr. 70 Zimmerpflanzen

Zimmerpflanzen sind abhängig von uns und unserer Pflege und sind uns deshalb völlig ausgeliefert. Wenn wir sie vergessen zu gießen oder zu pflegen, gehen sie ein. In der freien Natur ist das anders. Darum braucht die Pflege der Zimmerpflanzen unsere ganze Aufmerksamkeit, wenn wir daran Freude haben wollen.

Stimme dich medial ein und frage deine Pflanzen in der Wohnung:

- *Ob es ihnen gut geht?*
- *Ob sie etwas Bestimmtes brauchen?*
- *Wo sie stehen wollen?*

Höre auf die Antworten, verändere diese Dinge und warte ab, ob es ihnen besser geht! Falls sich Etwas zum Negativen hin verändert, hast du wohl nicht sauber medial gearbeitet

Übung Nr. 71 Schnittblumen

Frische Schnittblumen in der Wohnung „bringen Leben ins Haus“, aber natürlich muss uns bewusst sein, dass sie schneller sterben als wenn sie im Boden wachsen.

Besitzt du Blumen im Garten die du für die Vase schneiden möchtest, dann stimme dich medial ein und frage sie:

- *Ob du sie in die Vase stellen darfst?*
- *Was sie in der Vase brauchen?*
- *Wo du sie im Raum hinstellen sollst?*

Ausprobieren und die Blumen beobachten!

Übung Nr. 72 Gießen von Pflanzen

Die richtige Blumen- und Pflanzenpflege ist entscheidend für üppige, gesunde Pflanzen, die dir Freude bringen sollen. Besonders das richtige Gießen ist wichtig.

Stimme dich medial ein und frage deine Pflanzen regelmäßig:

· *Ob bzw. wann und wie oft sie gegossen werden wollen.*

Wundere dich nicht, wenn die Antworten ganz anders ausfallen als dir der Gärtner oder die Floristin gesagt hat. Pflanzen sind auch Individualisten!

Kontrolliere deine Antworten, damit sie exakt sind, sonst wirst du spätestens wenn die Pflanzen anfangen einzugehen, merken, dass die medialen Antworten nicht richtig waren!

Pflanzen exakt beobachten, ob ihnen deine medial empfangenen Resultate bekommen!

Übung Nr. 73 Vermehrung durch Stecklinge

Viele Pflanzen können vegetativ durch Stecklinge vermehrt werden. Das ist eine einfache Art, um deine pflanzlichen Freunde zu vervielfältigen und noch mehr Freude an ihnen zu haben.

Wenn du also Pflanzen vegetativ vermehren möchtest, dann stimme dich medial auf sie ein und:

· *Frage sie nach dem geeigneten Zeitpunkt des Schneidens der Pflanzenteile die du für die Vermehrung benötigst!*

· *Lass dir von der Pflanze genau zeigen, welche Teile du als Steckling abschneiden darfst!*

Sei während des Schneidens immer in Kontakt mit der Pflanze und fühle (dazu ist das Hellfühlen nötig das deine Fähigkeit des Mitgefühls erweitert), wie es ihr dabei geht.

1. **Pflanze hinterher beobachten ähnlich wie beim Schneiden!**
2. **Stecklinge einsetzen und beobachten! Wenn sie alle gut anwachsen und die Mutterpflanze wohlauf ist, dann muss es wohl ein voller Erfolg gewesen sein!**

Übung Nr. 74 **Kranke Pflanzen**

Wenn eine Pflanze nicht wachsen will oder kränkelt, frage sie:

· *Was sie braucht?*

· *Was ihr fehlt?*

· *Welches heilende Licht möchte sie haben?*

Stimme dich dann auf diese Farbe aus dem Kosmos ein und sende mittels deiner Hände medial der Pflanze dieses Licht zur Heilung! Frage sie eventuell noch,

· *Wie oft und wie lange sollte diese Behandlung fortgesetzt werden?*

Beobachte den Heilprozess der Pflanze!

Wau! Alle wieder wohlauf! Ich hab euch auch alle ganz dolle lieb!

6.2.3 Tiere und eigene Haustiere

Tiere umgeben uns immer, gewollt oder ungewollt.

Tiere bereichern unser Leben, in freier Wildbahn ebenso wie unsere geliebten Haustiere in unserer unmittelbaren Umgebung. Leider können Tiere sich verbal nicht so äußern, dass wir sie verstehen, so dass mediale Übungen zum Trainieren unserer Fähigkeiten uns helfen, mit ihnen zu kommunizieren.

Ich habe in den folgenden Übungen Tiere in zwei Gruppen untergliedert, weil die Kommunikation jeweils einer anderen Notwendigkeit entspringt.

1. Gruppe: Tiere in freier Natur
2. Gruppe: Haustiere

Tiere in freier Natur

Tiere in freier Natur sind selbstständig, suchen eigenständig ihr Fressen und sorgen selbst für sich. Sie brauchen uns nicht. Aber oft ist uns nicht wirklich bewusst, dass wir sie brauchen!

Auch wenn uns vielleicht die Krähe mit ihrem Krach nervt, oder die Mücken oder Wespen uns im Sommer belästigen – aber was wäre unsere Welt ohne all diese Tiere? Erfreuen wir uns nicht an dem Schwan auf dem Teich oder kommen wir nicht glücklich nach dem Spaziergang vom Entenfüttern zurück? Zeigen wir unserem Herzblatt nicht aufgeregt, wenn ein wunderschöner farbenprächtiger Schmetterling sich auf unser Shirt gesetzt hat?

Übung Nr. 75 **Mücken**

Mücken in lauen Sommertagen sind eine unendliche Plage, wenn sie uns zerstechen.

Aber! Stimm dich medial auf sie ein und:

· *Sprich doch einfach mit ihnen medial und bitte sie, fern zu bleiben!*

Klingt irre – funktioniert aber! Wirklich!

Mutig sein und Ausprobieren

Statt Mückenspray: Sprich mit den Mücken und bitte sie fern zu bleiben!

Übung Nr. 76 **Vögel**

Erlebnisse mit Vögeln in freier Natur sind sehr inspirierend und öffnen das Herz. Ich verstehe nur zu gut alte Leute, auf deren Tagesplan „Vögel füttern" steht. In meiner Kindheit hatte ich selbst stundenlang Enten und Schwäne gefüttert, weil ich an einem großen Fluss aufgewachsen bin.

Mit Vögeln kommunizieren – sie zutraulich werden lassen, damit sie sich auf die Hand oder gar auf die Schulter setzen und sie dabei füttern, lässt uns teilhaben an diesen kleinen Vogelseelen und ihren Gefühlen, Ängsten und Freuden.

Wenn auch du darauf Lust hast, stimme dich zu diesem Zwecke medial ein und

· *bitte sie, zu dir zu kommen.*

· *Erzähle ihnen von dir, teile ihnen deine Absichten des Fütterns mit und öffne dich für ihre nonverbalen Botschaften.*

Ausprobieren und abwarten, wie zutraulich sie werden und was geschieht.

Übung Nr. 77 **Um Ruhe bitten**

Krähen oder Elstern oder auch andere Tiere können manchmal fürchterlichen Krach machen. Kennst du das? Du willst früh ausschlafen und irgendwelche Krähen zanken sich zu früher Morgenstunde um einen alten Knochen, den sie gerade im Müll gefunden haben? Oder die Elstern verteidigen ihr Revier und du musst dich gerade am PC total konzentrieren?

Probiere Folgendes – aber dein Wunsch darf nicht aus deinem Ego kommen, sondern muss deinem reinen Herzen entspringen, d. h. es muss wirklich eine Notwendigkeit dahinter stehen:

Stimme dich medial ein und

· *bitte die entsprechenden Tiere, leise zu sein!*

Interessanterweise klappt es bei manchen Tieren nicht. Wenn du sie direkt ansprichst, werden sie sogar noch lauter. Dann bitte sozusagen die geistige Welt, Gott, das Universum, dass diese Tiere leise sind. Das funktioniert dann perfekt.

Ausprobieren und abwarten, was passiert!

Übung Nr. 78 **Ungeziefer**

Ungeziefer ist genau genommen ein böses Wort, wie auch Unkraut, denn diese kleinen Tierchen haben auch ein Recht auf Leben und sind meist Teil einer wichtigen Nahrungskette.

Aber wir Menschen haben sie so benannt, weil wir sie nicht mögen wenn sie sich in unseren „zivilisierten Gefilden" aufhalten.

So sind Läuse auf den wundervoll blühenden Balkonblumen genauso ärgerlich wie Schnecken im Blumen- oder Salatbeet oder Mäuse im Schuppen, die sich durch die Tüte mit den Grassamen gebissen haben und da glücklich und gut versorgt wohnen …

Wenn du nun entscheidest, dass dieser Ort nicht ihr Platz ist sondern deiner, kannst du unter Umständen mehr erreichen als mit Gift, Mausefallen oder anderen „bösen Dingen".
Nachdem du innerlich deine Absicht ganz klar manifestiert hast, was du willst (oder eben nicht willst!), stimme dich medial auf die jeweiligen Störenfriede ein und

· *bitte sie ganz klar und eindeutig zu gehen! Vermittele ihnen deine Absicht!*

Abwarten. Bei Nichtgelingen entschiedener wiederholen und beobachten, was passiert!

Übung Nr. 79 **Lästige Ameisen**

Dieselbe Übung wie Übung Nr. 78 gilt auch für Ameisen.
Irgendwann kommt keine Freude mehr auf, wenn scharenweise Ameisen durch dein Haus marschieren, ja ganze Ameisenstraßen entstehen. Allerdings sind diese kleinen Biester besonders pfiffig – deshalb widme ich ihnen eine extra Übung.
Hier ist es gut, die Absicht wirklich schriftlich zu verfassen und sie ihnen dann eindringlich medial und auch laut in menschlicher Sprache mitzuteilen. Empfange dann medial ihre Reaktion.
Sie sind zum Teil stur wie kleine Roboter und es interessiert sie nicht, was du willst. Es wird ja auch gesagt, dass sie die ferngesteuerten Soldaten Gottes sein sollen. Irgendwie ist da was dran, finde ich …

· *Sei hartnäckig, nimm einige von ihnen auf die Hand und teile ihnen deinen Wunsch mit. Gib nicht so schnell auf, sondern lerne von ihnen!*

Beobachten und staunen!

Eigene Tiere, Haustiere

Haustiere sind unsere treuen Begleiter. Natürlich muss uns bewusst sein, dass sie total von uns abhängig sind, denn sie können nicht wie andere Tiere in freier Wildbahn überleben. Wir müssen sie füttern, pflegen und ihnen ein gutes Zuhause bieten, damit sie gesund und glücklich leben können. Gerade deshalb ist es wichtig, dass wir eine Art finden, mit der wir uns mit ihnen verständigen können. Dabei ist uns die Medialität sehr dienlich.

Übung Nr. 80 Kranke Haustiere

Haustiere sind Familienmitglieder und uns ist natürlich daran gelegen, dass es ihnen gut geht.

Wenn dein Hund, deine Katze, dein Meerschwein oder welches Tier auch immer krank ist, nutze auch hierbei deine Fähigkeit der Medialität. Stimme dich medial ein und frage beispielsweise Folgendes:

· *Was hat er/sie? Was quält das Tier?*

· *Mag es fressen?*

· *Was braucht das Tier jetzt am nötigsten?*

Bei Kleinigkeiten mediale Ratschläge befolgen und das Tier beobachten, ansonsten unbedingt zum Tierarzt gehen!

Übung Nr. 81 Tiere füttern

Tiere sind genauso Feinschmecker wie Menschen. Es gibt Dinge die sie mögen und Dinge die sie verabscheuen.

Damit deine Tiere oder dein Tier gesund bleibt, ist die richtige Fütterung wichtig.

Stimme dich dazu medial ein und frage nach:

· *Was frisst es gerne?*

· *Was mag es nicht?*

· *Was verträgt es gut?*

Anbieten, damit füttern und sehen, was passiert!

Übung Nr. 82 Kühe und Milchgeben

Kühe sind wichtige Nutz- und Haustiere des Menschen. Ich selbst habe als junges Mädel einige Jahre im Kuhstall mitgearbeitet, denn ursprünglich wollte ich Tierärztin werden.

Und ich habe mit diesen netten, liebenswerten Geschöpfen so einige schöne Erfahrungen gemacht. Mit Kühen kann man sehr gut non-

verbal kommunizieren, denn sie haben einen großen Vorteil: Sie sind sehr neugierig!
Kühe als Nutztiere versorgen uns mit Milch, einem Produkt welches die Basis ist für viele weiterverarbeitete Produkte. Die Milchproduktion der Kühe hängt unter anderem sehr von ihrem Wohlbefinden ab, obwohl die Wirtschaft Kühe gerne zu Objekten reduzieren möchte, die nur produzieren.
Stimme dich medial ein und frage nach:

· *Was braucht die Kuh, um Milch zu geben?*
· *Was fehlt ihr?*
· *Was stört sie?*
· *Welches Bedürfnis ist nicht befriedigt?*

Das mag vielleicht komisch für einen konventionellen Milchbauern klingen, aber manchmal sind es so merkwürdige Kleinigkeiten, die Kühe glücklich machen, dass man selber schmunzeln muss …

Ausprobieren und beobachten!

Übung Nr. 83 **Pferde und Reiten**

Auf Pferden zu reiten setzt eine gute Kommunikation mit diesen Tieren voraus. Jeder guter Reiter ist medial und besitzt die Fähigkeit des Hellfühlens, auch wenn es ihm in dieser Begrifflichkeit nicht bewusst ist. (Vergleiche dazu Kapitel 6. „Hellfühlen – unsere eigentliche Intelligenz“ in meinem ersten Buch „Medialität & Hellsichtigkeit – das Lehrbuch“)
Stimme dich ganz bewusst medial auf das Pferd ein, wenn du reiten willst, und frage beispielsweise nach:

· *Wohin will es gehen oder auch nicht gehen, wenn es zögert?*
· *Was spürt es gerade? Was nimmt es wahr?*
· *Wovor hat es vielleicht Angst?*
· *Warum scheut es?*
· *Was will es momentan?*
· *Worüber freut es sich?*

Ausprobieren und die Resultate mit der Reaktion des Pferdes vergleichen!

Übung Nr. 84 **Tierkommunikation**

Manchmal sind unsere Tierlieblinge aufgeregt. Wir wissen nicht, was los ist, was sie wollen. Wir können es vielleicht erahnen, wenn wir ihr Verhalten kennen, aber mehr nicht. Es gibt viele Berichte von Tieren die Menschen das Leben gerettet, Brände verhindert haben und ähnliches, weil sie versucht haben, Herrchen oder Frauchen durch ihr auffälliges Verhalten ein Zeichen zu geben.

Stimme dich also medial auf deine Tiere ein und frage:

- *Was wollen die Tiere gerade? Vielleicht nach draußen gehen, sich schlafen legen oder fressen?*
- *Was wollen sie uns mitteilen?*
- *Gibt es ein Problem, eine auffällige Spannung?*

Deine erhaltenen Resultate ausprobieren und mit der Reaktion des Tieres vergleichen!

Ein Ritt ist dann ein Erlebnis, wenn Pferd und Reiter eine Einheit bilden. Die mediale Kommunikation hilft dir dabei.

6.2.4 Liebesbeziehungen

Na, hast du das Kapitel als erstes aufgeschlagen und bist neugierig, was es dazu gibt?

Seitdem es Menschen gibt, gibt es auch Beziehungen. Beziehungen drücken sich in der Art wie wir miteinander kommunizieren aus. Stimmt etwas in unserer gemeinsamen Kommunikation nicht, kommt es zum sogenannten „Beziehungsstress“.

Liebesbeziehungen sind natürlich eine Steigerung von Beziehungen schlechthin, weil der Faktor Nähe auf körperlicher, seelischer und auch auf geistiger Ebene eine größere Rolle spielt. Was interessiert uns, ob der Gemüsemann an Reinkarnation glaubt oder welche Partei er wählt, so lange diese im Rahmen der menschlichen Würde liegt – Hauptsache das Obst und Gemüse ist frisch und von guter Qualität! Aber von unserer Frau, unserem Mann, unseren Menschen, mit denen wir zusammen leben, erwarten wir mehr!

Den Alltag gemeinsam mit allen Höhen und Tiefen zu bewältigen, im Beruf Erfolg zu haben, Kinder zu lebensfähigen, verantwortungsvollen jungen Menschen großzuziehen und nebenbei (falls die Zeit dazu noch reicht!!!) auch noch Spaß zu haben, das Leben und die Liebe gemeinsam zu genießen – das ist doch der Wunsch eines jeden Menschen. Damit dies gelingt, ist Wachheit, Offenheit, Mitgefühl, eine Menge Humor und ein Herz auf dem rechten Fleck notwendig.

Die Fähigkeit der Medialität und Hellsichtigkeit kann uns dabei sehr behilflich sein. Hierfür einige Anregungen in Form von Übungen:

Übung Nr. 85 **Probleme gemeinsam klären**

Nicht immer verläuft alles glatt im Leben.

Probleme die auftreten, sind Lernchancen, die uns genau zeigen, an welcher Stelle wir im Leben stehen.

Wenn dein Herzblatt sich in einer solchen Phase befindet, kannst du versuchen, es zu unterstützen und auch hier die Möglichkeit einer medialen Übung nutzen.

Stimme dich medial ein und frage nach:

· *Wie kann ich meinem Herzblatt bei anstehenden Problemen helfen?*

- *Was kann ich ihr/ihm vielleicht abnehmen?*
- *Wo aber mische ich mich in ihr/sein Leben ein und hindere sie/ihn dadurch dabei das Problem zu klären?*

Nachfragen ist problematisch, denn es ist immer verlockend, wenn einem geholfen wird!
Aber helfen ist nicht zu verwechseln mit erretten! Die Zeit wird es zeigen, die Situation, wie sie sich entwickelt!

Übung Nr. 86 Gedanken lesen

Du kennst die Situation: Ihr sitzt beide bei einem schönen Gespräch am Tisch, vielleicht bei einer Tasse Kaffee oder Tee – und plötzlich ist langes Schweigen. Nutze diese Stille zum medialen Üben.
Stimme dich medial ein und frage nach:

- *Was denkt sie/er gerade?*

Nachfragen!

Übung Nr. 87 Wie war dein Tag, Schatz?

Beide habt ihr einen langen Tag hinter euch und findet euch abends zum gemeinsamen Abendessen.
„Wie war dein Tag?", ist dann eine gängige Frage. Aber Stopp!
Stimme dich diesmal erst einmal medial ein und frage:

- *Wie war der Tag von meinem Schatz?*
- *Was hat er/sie heute alles erlebt?*

Mache das lange bevor ihr euch seht und notiere dir am besten die Antworten. Das kann, wenn du richtig liegst, Eindruck machen!

Nachfragen im Gespräch

Übung Nr. 88 Projektionen vermeiden

So sehr sich Menschen auch lieben, manchmal muss jeder einfach auch einmal alleine sein, will seine Ruhe haben, um abzuschalten oder auch um konzentriert arbeiten zu können.

Wenn du in so einer Situation unsicher bist, ob dein Gegenüber dich noch liebt oder nicht, weil es sich zurückzieht, dann stimme dich medial ein und stelle folgenden Fragen:

· *Wie ist ihr/sein Gefühl zu mir gerade?*
· *Was denkt sie/er gerade über mich?*
· *Bin ich momentan mit meiner Anwesenheit zu viel, weil mein Gegenüber beschäftigt ist?*

Wenn du medial sauber arbeitest, kann diese Form von Übung für Beziehungen sehr fruchtbringend sein, weil du dann erkennen kannst, wo du vielleicht projizierst oder dem anderen eine Schuldzuweisung machst, die er gar nicht verdient hat.

Überprüfe deine Gedanken aus deinem Ego mit den medialen Botschaften! Korrigiere dich gegebenenfalls!
Oder nimm die Botschaften als Gesprächsgrundlage.

Übung Nr. 89 **Mitgefühl**

Du hast einen Impuls, eine Aktion zu starten, bist aber unsicher, ob du deinem Gegenüber damit wirklich eine Freude bereiten kannst oder nicht. Oder den Anderen damit vielleicht sogar vergraulst. Manchmal steckt man eben nicht in dem Anderen. Auch wenn man glaubt, ihn schon 15 oder 3000 Jahre zu kennen.

Dann stimme dich medial ein und frage nach:

· *Wie fühlt sich das für mein Gegenüber an?*
· *Kann ich damit meinem Gegenüber eine Freude bereiten?*

Starte deine Aktion und warte auf die Reaktion!
Wenn das Risiko daneben zu liegen zu groß ist, frage einfach zuvor nach!

Übung Nr. 90 **Das ideale Geschenk**

Dein Herzblatt hat Geburtstag, Weihnachten naht oder es gibt irgendeinen anderen Anlass zum Schenken.

Du hast eine gute Idee für ein Geschenk.

Stimme dich medial ein und frage nach:

· *Ist das ein schönes Geschenk für mein Gegenüber?*

· *Wenn nicht, worüber würde er/sie sich freuen?*

Schenken und auf die Reaktion warten!
Gegebenenfalls nachfragen! (Falls dein Herzblatt „zu gut" erzogen ist, dich nicht enttäuschen will und so tut, als ob es sich freut, obwohl dies nicht so ist!)

Übung Nr. 91 **Gemeinsame Bedürfnisse klären**

Kennst du das? „Schatz, ich freue mich, wenn es dir gut geht! Alles, was dir gefällt, gefällt auch mir ...weil ich weiß, dass du damit glücklich bist!"
Aber mit dieser Einstellung ist es manchmal schwer, den Urlaub zu planen oder Unternehmungen zu starten. Rücksicht aufeinander zu nehmen ist ja schön und gut, aber allen geht es natürlich am besten, wenn alle Bedürfnisse auf beiden Seiten befriedigt sind.
Eine Urlaubseinstimmung der besonderen Art:
Stimme dich medial ein und frage nach:

· *Was möchte mein Herzblatt heute/morgen/im Urlaub tun?*
· *Was braucht er/sie gerade?*
· *Welche Bedürfnisse hat er/sie?*

Ansprechen, fragen und ausprobieren!

Übung Nr. 92 **Nach einem Streit**

Nach einem Streit, auch wenn er konstruktiv ist und zum Leben dazu gehört, ist es manchmal schwierig, wieder aufeinander zuzugehen. Oft sitzt man dann da und weiß nicht wirklich, wie man sich verhalten soll. Doch plötzlich kommt ein Impuls, eine Eingebung!
Als erstes geht es darum, diesem eigenen Impuls nachzugehen und ihn ernst zu nehmen!
Aber bitte mach dich bloß nicht zum Opfer deiner eigenen Medialität! (Vergleiche Kapitel 20. „Opfer der eigenen Medialität" in meinem ersten Buch „Medialität & Hellsichtigkeit – das Lehrbuch".)
Es geht also eher darum, deinen wahrgenommenen Impuls nach einem Streit medial zu überprüfen und nicht die mediale Anleitung

zu erhalten, wie du dich verhalten sollst! Damit gehst du aus deiner Verantwortung!

Stimme dich dazu also medial ein und frage nach:

· *Sollte ich auf mein Gegenüber zugehen, um es anzusprechen?*
· *Wenn ja, was und wie viel sollte ich sagen?*
· *Sollte ich mein Gegenüber in Ruhe lassen?*
· *Wenn ja, wie lange?*

Ausprobieren und das Resultat vergleichen!

Aus dem Bett schleichen und joggen oder Frühstück machen oder ...?

Hinweis:
Diese Übung ist natürlich nicht nur für Liebesbeziehungen geeignet. Sie eignet sich hervorragend für Konflikte mit Menschen in allen Beziehungen – dem Chef, den Kollegen, der besten Freundin, dem Kumpel usw.

Übung Nr. 93 **Du schläfst noch …**

Du liegst früh im Bett und bist schon wach. Dein Herzblatt schläft neben dir noch selig tief und fest und du bist unsicher, wie du dich verhalten solltest.
Nutze diesen Moment für ein kleines mediales Experiment.
Stimme dich medial ein und stelle folgende Fragen:

- *Sollte ich mein Herzblatt wecken?*
- *Sollte ich sie/ihn ausschlafen lassen?*
- *Sollte ich sie/ihn vielleicht mit einem leckeren Frühstück überraschen?*

Ausprobieren und anschließend dein Herzblatt fragen oder einfach abwarten, wie es reagiert!

6.2.5 Beziehungen zu anderen Menschen

Beziehungen zu anderen Menschen meint den Umgang zu- und miteinander. Friedvolle Beziehungen zu haben macht das Leben einfach und lebenswert. Wir freuen uns darauf, Menschen zu begegnen und genießen den Austausch.

Wer ist damit gemeint?

- Familienangehörige
- Kinder
- Kollegen
- Chefs
- Geschäftspartner
- Verkäufer/innen
- Freunde und Bekannte
- und viele mehr …

Es gibt hier einen fließenden Übergang zu Kapitel 21. „Selbstliebe und Respekt“, welches die Basis für alle gut gehenden Beziehungen darstellt, und den Kapiteln 9. „Medialität und geistig-spirituelles Bewusstsein“ und 9.4 „Die Meisterschaft im Leben erlangen“.

Besonders die Qualität des Mitgefühls kann durch mediale Übungen sehr gefördert werden. In meinem ersten Buch „Medialität & Hellsichtigkeit – das Lehrbuch“ bin ich sehr ausführlich auf die innere geistig-spirituelle Prozessarbeit und Entfaltung des eigenen Lichtkörpers eingegangen, welche durch das Trainieren der eigenen Medialität gefördert wird. Gerade aber beim Trainieren der Hellfühligkeit erweitern wir unsere Fähigkeit des Mitgefühls, welche Basis jeglichen respektvollen Miteinanders ist.

Übung Nr. 94 **Unterbrechungen**

Dein Kollege, deine Frau, dein Mann oder auch dein Kumpel steckt mitten in der Arbeit und sieht schwer konzentriert aus. Du musst aber dringend mit ihr/ihm sprechen, um etwas zu klären.

Stimme dich medial ein und fühle rein:

- *Wie verhalte ich mich am klügsten, um ans Ziel zu kommen:*
    - *Einfach in Ruhe lassen?*

- *Ihm oder ihr mit einem Kaffee oder leckeren Häppchen eine Pause bescheren?*
- *Fragen, ob ich ihr/ihm etwas abnehmen kannst?*

Ausprobieren und auf die Reaktion warten!

Übung Nr. 95 – Teil 1 – **Stressiger Arbeitstag**

Manchmal gibt es schwierige Momente im Leben eines Angestellten. Der Chef hat schlechte Laune, die Firma ist in Zeitdruck, Liefertermine müssen, können aber nicht eingehalten werden, die Sekretärin dreht auch langsam durch und: wieder eine Akte mehr auf dem Schreibtisch …

Stimme dich medial ein (bei dem Chaos im Außen machst du das vielleicht auf dem „stillen Örtchen", der Toilette – der Trick funktioniert immer gut!) und stelle der geistigen Welt die Frage:

- *Wie überstehe ich am besten den Tag?*
- *Welche Personen gilt es am besten zu meiden?*
- *Mit welchen Personen sollte ich unbedingt heute noch in Kontakt treten?*

Ausprobieren und auf die Reaktion warten!

Übung Nr. 96 – Teil 2 – **Stressiger Arbeitstag**

Dir platzt der Schädel und du weißt nicht, womit du überhaupt anfangen sollst, die Arbeit scheint dich aufzufressen.

Stimme dich medial ein (Achtung! Das ist unter extremem Stress besonders schwierig, funktioniert aber!) und frage:

- *Welche Prioritäten soll ich setzen?*
- *Welchen Schritt gilt es zu tun, um mein Arbeitspensum effektiv zu bewältigen?*

Ausprobieren und im Tun sehen, ob es dir etwas gebracht hat!

Hinweis:

Bitte diese Übung nur als Möglichkeit zum Üben sehen, mehr nicht! Unseren Menschenverstand und unsere Ratio hat uns Gott nicht umsonst gegeben!!! Bitte in der eigenen Verantwortung bleiben und nicht in das *„Der-Geist-hat-gesagt-Symptom"* verfallen, sich also zum Opfer der eigenen Medialität machen, über die ich ja sehr ausführlich in meinem ersten Buch geschrieben habe.

Falls dir also eine zu unlogische Antwort kommt, nicht aus der Verantwortung gehen („… der Geist hat aber gesagt, dass ich zuerst den Schreibtisch aufräumen soll …"). Das war dann wohl eher das Ego, welches gestreikt hat! Mir bringt diese Herangehensweise sehr viel und ich habe damit schon viel Zeit gespart, aber man muss sich dabei schon sehr sicher sein.

Übung Nr. 97 **Dein Kind**

Du weißt, dass dein Kind bald aus der Schule kommt und erwartest es schon. Oder dein Kind erwartet dich, wenn du von der Arbeit kommst. Es hat heute einen Test oder eine Klausur zurückbekommen. Ansonsten weißt du nur, dass es einen langen Tag hinter sich hat. Stimme dich medial auf dein Kind ein und konzentriere dich dabei hauptsächlich auf das Hellfühlen:

- *Wie geht es meinem Kind?*
- *Welche Note bringt mein Kind nach Hause?*
- *Wie war die Schule für mein Kind heute?*
- *Was hat es erlebt?*

Notiere dir die erhaltenen medialen Antworten

Frage dein Kind! Dann hast du die Korrektur oder Bestätigung für deine Antworten!

6.2.6 Hilfreiche Licht- und Engelwesen

Unsichtbare Helfer sind uns stets zu Diensten, obwohl uns das oft überhaupt nicht bewusst ist. Meistens fordern wir wissentlich überhaupt keine Hilfe und Unterstützung ein. Wir sollten uns bewusst machen, wie viel Hilfe im Kosmos vorhanden ist! Unendlich viele Lichtwesen warten nur darauf, uns helfen zu können.

An dieser Stelle möchte ich Diana Cooper zitieren, die in ihrem Buch „Der Engel-Ratgeber" auf wunderbare Weise Engel beschreibt:

„… ‚Was sind Engel genau?', fragte ich meinen engelhaften Lehrer bei einem weiteren Gespräch. Er antwortete, Engel wären hohe spirituelle Wesen, die Gott als Führer, Beschützer und Helfer für seine Schöpfung ernannt hätte und die er als seine Boten einsetze." – Ist das nicht eine wunderbare Beschreibung?

Da Engel eine viel höhere Schwingung als wir Menschen besitzen, sind sie für die meisten von uns nicht sichtbar. Je mehr sich ein Mensch für die feinstoffliche Wahrnehmung öffnet, also seine Fähigkeit der Medialität trainiert, desto eher ist er in der Lage, Engel zu sehen. Und so sind uns unendlich viele unterschiedliche Licht- und Engelwesen zu Diensten – mit vielfältigsten Funktionen.

Es gibt kleinere Engel, die für unsere alltäglichen Belange zuständig sind; Engel der Heilung (darauf gehe ich speziell im Kapitel 7.5 „Heilung durch Arbeit mit Engeln" ein); Friedensengel, Schutzengel, Erziehungsengel, Beziehungsengel – aber auch große mächtige Engel, die Funktionen über das Irdische hinaus haben, je nach Entwicklungsstand. So sind im christlichen Abendland die Erzengel bekannt, die auch in der Bibel erwähnt werden, aber es gibt unendlich mehr Engel als wir uns vorstellen können. Sie haben alle unterschiedliche Funktionen und damit unterscheidet sich das Prinzip nicht wirklich von dem auf der Erde.

Allerdings ist es auch da wie im täglichen Leben: Wir müssen lernen, aktiv diese Hilfe einzufordern. Denn wenn wir nicht darum bitten, wird nicht sehr viel passieren. Auch hier gilt: Kein Licht- und Engelwesen mischt sich in unser Leben ein um uns zu unterstützen, wenn wir es nicht wollen! Auch hier gilt das Gesetz vom freien Willen, und gerade all die Licht- und Engelwesen respektieren dieses Gesetz sehr!

Darum sei dir bewusst: Wenn du aktiv Hilfe einforderst, wird dein Leben leichter. Trau dich! All diese unsichtbaren Freunde warten nur darauf!!! – Hier für alle Mutigen ein paar Anregungen zum Hilfe einfordern:

Übung Nr. 98 **Der Schutzengel beim Autofahren**

Bekannt – auch wenn manche ihn nur aus Spaß erwähnen –, ist der Schutzengel beim Autofahren! Ja, es gibt ihn wirklich!

Aber Achtung! Wenn du betrunken bist, weigert er sich, für dich zu arbeiten, denn er übernimmt keine Verantwortung für dich, wenn du keine Verantwortung für dich übernommen hast!!! Sonst würde er sich in dein Karma einmischen!

Die folgende Übung bezieht sich hauptsächlich auf das Hellfühlen. Aber vielleicht kannst du auch durch Hellhören oder Hellsehen deinen Schutzengel bzw. seine Hilfe wahrnehmen.

Du willst eine lange Wegstrecke hinter dich bringen und musst vielleicht einige hunderte Kilometer, bei nicht gerade günstigen Straßenverhältnissen, fahren:

- *Bitte aktiv deinen Schutzengel, dass er dir beisteht und dich sicher zum Ziel bringt!*
- *Befindest du dich in einer gefährlichen oder brenzligen Situation – vielleicht ist es plötzlich nebelig, es herrscht ein Unwetter auf der Autobahn, oder in einer engen Baustelle sind „Drängler" hinter dir, die dich nervös machen – bitte aktiv um Hilfe!*

Sprich diese Bitte am besten laut aus, dann ist die Wirkung größer! Wenn du leise darum bittest, dann formuliere innerlich diese Bitte ganz klar für deinem Schutzengel!

Registriere, wie du dich beim Autofahren fühlst, wie du in brenzligen Situationen reagieren kannst und welche Wunder vielleicht beim Autofahren noch so passieren!

Übung Nr. 99 **Der Beziehungsengel**

Die meisten von uns sehnen sich nach Beziehungen und freuen sich, wenn sie in einer leben. Aber trotz aller Sonnenseiten können Beziehungen auch manchmal die Hölle sein.

- *Nimm aktiv Kontakt mit deinem/eurem Beziehungsengel auf!*

Stimme dich medial ein und

- *konsultiere ihn in allen Beziehungsfragen!*
- *Führe gegebenenfalls ein Beziehungstagebuch, in welches du alle medial erhaltenen Botschaften des Engels über eure Beziehung aufschreibst!*

· *Notiere dir deine Fragen an den Engel genauso wie die medialen Antworten.*

Viel Erfolg und Freude dabei!

Beobachte deine Beziehung. Wenn du sauber medial empfängst, wirst du merken, wie sich deine Beziehung stabilisiert und wie du anfängst, dich aus symbiotischen Verstrickungen zu befreien!

Übung Nr. 100 Der Berufsschutzengel

Egal, welchen Beruf du ausführst, in jedem Beruf gibt es einen Berufsschutzengel. Es sind Engelwesen, die mit den Tätigkeiten des jeweiligen Berufes vertraut sind, die dich energetisch beim Ausüben deines Berufes unterstützen und zum Gelingen deiner Arbeit beitragen.

· *Steckst du in einer schwierigen Phase deines Berufsleben, stimme dich medial ein und bitte deinen Berufsschutzengel, dich in der jeweiligen Situation zu unterstützen!*

Schreibe dir die Botschaften unbedingt auf, damit du sie in der entsprechenden Situation gegenwärtig hast.

Nach Beherzigung der erhaltenen medialen Ratschläge, beobachte die Veränderungen in deinem beruflichen Dasein!

Übung Nr. 101 Der Kindererziehungsengel

Ich finde, dass mediales Arbeiten ideal bei der Kindererziehung ist! So manches Mal wusste ich nicht mehr weiter, weil meine damals noch lieben Kleinen sich wieder tollen Quatsch ausgedacht hatten. Wir als Erwachsene standen nur noch staunend da, und wunderten uns auf was für Ideen sie wieder gekommen waren!

So rief ich mir damals einen Erziehungsengel, der mir unendlich viele nützliche Tipps zur Kindererziehung gab und den ich immer medial konsultieren konnte.

Stimme dich also medial ein und probiere dasselbe aus!

Tipps vom Engel realisieren und abwarten, ob der erwünschte Erfolg oder das Wunder eintritt!

Die lieben Kleinen. Zum Glück gibt es Erziehungsengel!

Übung Nr. 102 **Der Mutmachengel**

Manchmal verlässt uns der Mut in Situationen, in denen wir aber gerade stark und souverän auftreten sollten, weil es von uns verlangt wird. Vielleicht hast du eine Rede in einer Versammlung zu halten; vielleicht willst du deinen Chef um eine Gehaltserhöhung bitten; vielleicht sollst du spontan ein paar Worte als Gewinner vor versammelter Mannschaft aussprechen oder vielleicht willst du deiner Zukünftigen einen Heiratsantrag machen.

Stimme dich medial ein und

- *konsultiere ein Lichtwesen zum Mutigsein – den Mutmachengel!*
- *Bitte ihn, dir Kraft zu senden und bitte ihn vielleicht auch um einige Hinweise, wie du es am besten anstellen kannst, souverän mit der Situation umzugehen!*

Viel Erfolg!

Ausprobieren und offen sein für Wunder!
Nimm deinen Energiepegel vor der Kommunikation mit dem Mutmachengel und danach wahr!

7. Medialität und Heilung

Es ist uns viel zu selten oder vielleicht auch überhaupt nie bewusst, wie einfach die Möglichkeit um Heilung zu bitten, eigentlich ist. Diese Möglichkeit sollte nicht erst dann wahrgenommen werden, wenn wir schwer krank sind, sondern sollte schon als Prophylaxe geschehen, um gar nicht erst krank zu werden.

Mit seelischen und körperlichen Prozessen zu arbeiten ist bedeutend schwieriger als sich in der Wettervorhersage zu üben. (Vergleiche dazu in meinem Buch „Medialität & Hellsichtigkeit – das Lehrbuch", Kapitel 12. „Die erreichbaren Bewusstseinsebenen als Medium" und Teil IV „Die Verantwortung als Medium".)

Sei dir also bei allen Übungen bewusst, dass du übst und plane das Risiko ein, dass die medialen Resultate falsch sein könnten! Und konsultiere sicherheitshalber einen Arzt oder Therapeuten, bevor du dich zum Opfer der eigenen Medialität machst!

7.1 Der innere Therapeut

Einen inneren Therapeuten zu erschaffen bzw. zu interviewen hilft uns, auf der Seelenebene, unserer geistig-spirituellen Ebene, Heilung erfahren zu können. Natürlich ist es schön, eine Freundin oder einen Kumpel zu haben, dem man all seine intimsten Sorgen und Nöte erzählen kann. Aber manchmal sind diese Menschen eben nicht sofort zur Stelle. Und bei aller Freundschaft: Auch Freunde sind manchmal überfordert und wissen keinen Rat, und wir wollen sie ja auf keinen Fall als Mülleimer benutzen.

Deshalb nutze die Chance und konsultiere den geistigen Therapeuten, der immer zur Stelle ist, der dich versteht und dir tatkräftige Unterstützung auf der Seelenebene geben kann, wenn du sie einforderst.

Trau dich, diese Hilfe in Anspruch zu nehmen!

Übung Nr. 103 **Innere Blockaden**

Manchmal haben wir das Gefühl, es geht es im Leben plötzlich nicht weiter, wir hängen fest, etwas blockiert uns. Es ist wichtig, dieses Gefühl ernst zu nehmen, denn jede Blockade hat einen Sinn und will uns etwas zeigen.

Stimme dich medial ein und öffne dich für folgende Frage:

- *Welchen Sinn hat meine Blockade? Was steckt dahinter?*
- *Was kann ich tun, um die innere Blockade zu lösen?*
- *Was ist die Ursache für meine Blockade?*

Fühl rein, ob die Antwort für dich stimmt, probiere aus und nimm wahr, ob die Energie wieder ins Fließen kommt!

Übung Nr. 104 **Verantwortung**

Wir können nur dann im Leben glücklich sein oder werden, wenn wir in allem, was wir tun, denken oder fühlen, damit in unserer Verantwortung sind und bereit für unsere Taten auch die Verantwortung zu übernehmen. Damit bauen wir kein Karma auf, sondern bauen es ab.

Bist du bereit, für dein Leben Verantwortung zu übernehmen?

Stimme dich dazu medial ein und kläre folgende Fragen:

- *Wo gehe ich gerade aus meiner Verantwortung?*
- *Wo drücke ich mich vor meiner Verantwortung?*

Schaue dir dein Leben bewusst an und vergleiche die Resultate mit deinem Leben. Gibt es Übereinstimmungen?

Übung Nr. 105 **Lösungen**

Manchmal sehen wir den Wald vor lauter Bäumen nicht, wie ein Sprichwort sagt. Wie ist die Lösung? Wo ist der Ausweg?

Auch wenn du mitten in einem Problem steckst, kannst du deine Medialität nutzen, um Klärung zu finden.

Stimme dich medial ein und frage dann:

- *Wie finde ich in der momentanen Situation eine Lösung?*
- *Wo sträube ich mich, eine Lösung zu sehen?*

Schreibe die Antworten nieder!

Lösungswege ausprobieren und offen für sie sein!

Übung Nr. 106 **Stressabbau**

Unser Arbeitsalltag stellt oft hohe Anforderungen an uns, und neben dem Beruf erziehen wir noch Kinder, bauen womöglich ein Haus, bewirtschaften einen Garten und leben auch noch in einer Beziehung … manchmal ein bisschen viel auf einmal!

Dass dabei Stress aufkommt, ist ja kein Wunder. Doch Stress schadet unserem Körper und mindert die Lebensqualität.

Wenn du sehr im Stress bist, kannst du deine Medialität dazu nutzen, um Unterstützung zum Stressabbau zu erhalten.

Stimme dich medial ein und stelle folgende Fragen:

- *Was hilft mir, körperlichen Stress abzubauen?*
- *Was hilft mir, innerlich zur Ruhe zu kommen?*

Notiere alle medial erhaltenen Antworten!

Richte dich nach den medial erhaltenen Anweisungen und sehe, was passiert! Hilft es oder hilft es nicht?

7.2 Der innere Arzt und Heiler

Das Wort Heilung kommt von Heilen, heil werden. Heil heißt ganzheitlich sein, vollständig sein. Bekommt da Heilung nicht gleich eine ganz andere, tief greifendere Bedeutung? Wir sollten wegkommen von der Reduktion auf nur körperliche Symptome und unsere Gesundheit ganzheitlich betrachten. Damit öffnen wir uns für einen Genesungsprozess auf geistiger und seelischer Ebene, der sich am Ende positiv auf die Gesundheit unseres Körpers auswirkt. Die Fähigkeit der Medialität ist uns dabei sehr von Nutzen.

Übung Nr. 107 **Der Gesundheitscheck**

Diese mediale Vorgehensweise nutzen viele Klienten in meinen medialen Beratungen, um sich von mir energetisch einmal komplett durchchecken zu lassen. Oft sind es verzweifelte Menschen, die vergeblich verschiedene Ärzte konsultiert haben – aber trotz auffälliger Symptome konnte keine Krankheit festgestellt werden.

Für einen energetischen Gesundheitscheck stimme dich medial ein und *bitte deinen inneren Heiler, dich energetisch durchzuchecken!*

Lass dir zeigen:

· *Störfelder,*

· *Schwachstellen deines Körpers,*

· *Unter- und/oder Fehlfunktionen von Organen oder Gewebe.*

Notiere dir alles genau.

Schulmedizinisch unbedingt abklären lassen und mit deinen Notizen vergleichen!

Achtung! ***An erster Stelle steht immer die ärztliche Untersuchung!***

Ärzte haben ihre Berechtigung und es gibt schulmedizinische Arten von Diagnostik, die genial sind!

Es ist wichtig, niemals deine Medialität über Alles zu stellen und sich nur auf sie zu verlassen, sondern sie als Ergänzung zur Schulmedizin zu sehen, wie es zum Beispiel schon längst in England praktiziert wird, wo offiziell in Krankenhäusern Heiler und Ärzte zusammen arbeiten.

Auch ich schicke verzweifelte Menschen mit Krankheitssymptomen ***immer*** *zum Arzt. Erst wenn zuvor ärztlicherseits nichts gefunden wurde, kann medial gezielter nachgeschaut werden.*

Übung Nr. 108 **Heilende Speisen**

Essen sollte eigentlich nicht nur der Sättigung dienen, sondern auch als Medizin gesehen werden. Das jedenfalls ist der Ansatz im Ayuveda oder dem Kochen nach den fünf Elementen. Denn, soweit sind sich die Ernährungswissenschaftler inzwischen zum Glück einig, was für den einen gesund ist und ihn stärkt und harmonisiert, kann für den anderen Menschen total schädlich sein und seinen Körper schwächen.

Möchtest du dich bezüglich deiner gesunden Ernährung medial üben, dann stimme dich medial ein und stelle beispielsweise folgende Fragen:

· *Welches Essen heilt mich?*
· *Welches Essen stärkt mich in meinem momentanen Zustand?*
· *Welche Speisen benötigt mein Körper momentan am meisten?*

Probiere es aus und warte die körperlichen und geistigen Reaktionen ab.

Hinweis:
Auf die Ernährung gehe ich in diesem Buch im Teil IV „Unterstützende Maßnahmen und praktische Tipps zum erfolgreichen medialen Arbeiten" in Kapitel 15. „Ernährung", detaillierter ein.

Übung Nr. 109 **Heilende Farben**

Farben besitzen mit ihrer speziellen Frequenz unterschiedliche Heilwirkungen. Da wir Menschen alle verschieden sind, benötigen wir auch alle unterschiedliche Frequenzen, die uns in unserem Heilungsprozess unterstützen, ähnlich wie bei den Speisen.
Stimme dich medial ein und frage nach:
Welche heilende Farbe hilft mir bei meinen

· *körperlichen Beschwerden?*
· *seelischen Beschwerden oder Problemen?*

Umgib dich mit dieser Farbe und beobachte dein Wohlbefinden. Verbessert sich etwas oder nicht?
Vergleiche auch mit *Übung Nr. 111!*

Übung Nr. 110 **Heil werden**

Wenn du gesundheitliche Probleme hast, nutze deine Fähigkeit der Medialität, um dir Unterstützung zu holen.
Stimme dich medial ein und stelle folgende Fragen:

· *Was hilft mir bei meinem gesundheitlichen Problem?*
· *Was kann ich tun, um heil zu werden?*
· *Was sind die Ursachen für meine gesundheitlichen Probleme?*

Vergleiche die medialen Resultate beispielsweise mit der ärztlichen Diagnose und/oder dem verordneten Heilplan.

7.3 Übertragung von Heilungsenergie

Auf der Erde gibt es unzählige Systeme von Energieübertragungen. Energieübertragungen werden überall auf der Welt in unterschiedlichen Formen und unterschiedlichem Ausmaß praktiziert. So ist im Gottesdienst das Segnen der Gemeinde durch den Pfarrer eine Energieübertragung. Genau genommen sind auch die Worte einer Mutter oder eines Vaters zum Kind, wenn es beispielsweise die Erlaubnis für den Besuch der Fete im Club mit Freunden abgesegnet bekommt, die gleiche Energieübertragung wie der Segen des Pfarrers.

In allen Religionen gibt es Segnungen: zur Taufe, Kommunion, Konfirmation oder Heirat. Gottes Segen begleitet uns. Einen Segen zu erhalten, macht uns zuversichtlich, gibt uns Kraft und verleiht uns die Durchsetzungsfähigkeit die zum Erfolg führt.

Wie funktioniert dieses Segnen?

Was sind Energieübertragungen?

Eigentlich ist es ein einfacher Prozess, der eine einzige aber umso wichtigere Qualität voraussetzt: *Ein offenes, liebendes Herz und damit auch die Bereitschaft zu geben.*

Denn dadurch empfängt die segnende Person göttliche Energie vom Kosmos und gibt sie an die Person weiter, die gesegnet wird. Das kann aber nur passieren, wenn die segnende Person in Liebe ist. Sonst kann die Energie nicht fließen und schlimmstenfalls könnte es nämlich sogar geschehen, dass die scheinbar segnende Person sich von der Energie der anderen Person nimmt, statt sie ihr zu geben.

Mehr Details zum Prozess des Energieübertragens vermittle ich im Kapitel 7.3.1 „Reiki – das natürliche System der Heilung“, in welchem ich den Energieübertragungsprozess ganz genau beschreibe, da das Reiki-System eines der größten und bekanntesten der Welt ist.

Übung Nr. 111 **Heilendes Licht und Farben**

Farben sind Schwingungen mit einer bestimmten Frequenz (Ausführliches dazu in meinem ersten Buch im Kapitel 8.4 „Ein Ausflug in die Physik – elektromagnetische Wellen"), die je nach eigenem Prozess harmonisierend, also heilend oder auch disharmonisch auf den Körper eines Menschen, und damit auch auf seinen Geist und seine Seele, wirken können.

Farbiges Licht ist eine Steigerung dieser Heilmöglichkeit, weil Licht alles durchdringt und in die Zellen des Körpers fließt.

Stimme dich medial ein und bitte um Folgendes:

· *Heilende Farben für eine entsprechende Person!*

· *Heilendes Licht der entsprechenden Farbe!*

Bitte darum, dass dieses farbige Licht den Körper der Person durchdringen möge!

Lass dann dieses Licht durch dich fließen und sende es über deine Hände zu der Person weiter!

Du selber tust dabei nichts und bist nur Kanal!

Lass es zu und nimm das Wohlbefinden der Person vor und nach der Lichtbehandlung wahr bzw. lass es dir berichten!

Übung Nr. 112 **Heilende Energie**

Diese Übung ist eine Steigerung von Übung Nr. 115.

Stimme dich medial ein und *bitte darum, dich von heilender kosmischer Energie auftanken zu lassen!*

Lass dann dieses Licht durch dich hindurchfließen und sende es über deine Hände zu den Stellen deines Körpers, die die Heilung benötigen!

Du selber tust dabei nichts und bist nur Kanal!

Lass es zu und nimm dein Wohlbefinden vor und nach der Energiebehandlung wahr!

Übung Nr. 113 **Heilende Energie für andere**

In deinem Familien- oder Freundeskreis geht es einer Person schlecht. Sie fühlt sich schwach, vielleicht ist eine Grippe im Anmarsch oder sie ist einfach abgearbeitet.

Vielleicht geht es auch einem Tier von dir schlecht oder einer Pflanze.

Stimme dich medial ein und *bitte darum, dich von heilender kosmischer Energie durchströmen zu lassen!*

Lass dann diese Energie durch dich fließen und sende sie über deine Hände zu den Stellen der Person, des Tieres oder der Pflanze, die die Heilung benötigen!

Du selber tust dabei nichts und bist nur Kanal!

Lass es zu und nimm das Wohlbefinden der Person, des Tieres oder der Pflanze vor und nach der Energiebehandlung wahr! Stimme dich dazu medial auf das Tier oder die Pflanze ein oder frage bei einer Person einfach nach!

Übung Nr. 114 **Keimende Saat**

Es ist Frühjahr und du hast in Pflanzschälchen Tomaten, Petersilie oder Blumen ausgesät. Die kleinen Pflänzchen wirst du dann auspflanzen, wenn der Frost aufgehört hat.

Stimme dich medial ein und *sende ihnen Energie, damit sie schneller keimen, kräftig werden und gut gedeihen!*

Ausprobieren, beobachten und mit den angegebenen Saatzeiten vergleichen. Du wirst staunen!

7.3.1. Reiki – das natürliche System der Heilung

Reiki ist ein spezielles System der Übertragung von Energien.

Ich selbst arbeite seit über 20 Jahren mit Reiki und bin selbst Reiki-Meisterin und -Lehrerin. Ich finde es einfach genial, die „Hausapotheke“ immer auf diese Weise per Hand bei sich zu haben und bin von dieser Methode in jeder Hinsicht durch all meine faszinierenden Erlebnisse absolut überzeugt.

Da Reiki als Energieübertragungssystem genau genommen ebenfalls eine mediale Technik ist, möchte ich sie hier an dieser Stelle erwähnen.

Was ist Reiki? Das Wort Reiki (gesprochen: Reeki) kommt aus dem Japanischen und bedeutet Universale Lebensenergie.

Dabei steht:

Rei für universal und bezieht sich auf die Ebene des Geistes und der Seele,

Ki für die Lebensenergie, die in allem Lebendigen fließt.

Reiki ist eine jahrtausendealte Heilmethode der Energieübertragung, wurde gegen Ende des vorigen Jahrhunderts von dem japanischen Mönch ***Dr. Mikao Usui*** wiederentdeckt und für die Allgemeinheit zugänglich gemacht.

Es ist eine Technik zur Aktivierung und Übermittlung der universalen Energie. Damit fördert es alle Stoffwechselprozesse, regt die innere und äußere Heilung an und hilft in das innere Gleichgewicht zu kommen. Damit ist diese Technik zugleich eine Entspannungstechnik, die hilft, den angesammelten Stress im Alltag abzubauen. Reiki kann aber auch genauso verwendet werden, um die einzelnen Chakren des Körpers zu harmonisieren bzw. auszugleichen.

Wie funktioniert Reiki? Reiki ist pure Lebensenergie und damit erst einmal neutral. Die Energie hat ihre eigene Intelligenz und fließt nach dem kosmischen Gesetz des Ausgleiches genau an die Stellen, wo die Energie gebraucht wird.

Wenn wir Reiki geben, sind wir damit einfach ***Energiekanal.***

Die Energie fließt nur durch uns hindurch.

Wir öffnen uns für die göttliche Energie des Universums und lassen sie durch uns durchfließen.

Damit sind wir einfach Werkzeug, und keine „Macher". Wir behandeln nicht, sondern wir vermitteln Behandlung. Das ist das typische Merkmal von medialer Arbeit.

Wir öffnen unser Kronenchakra, bitten durch ein Gebet um die göttliche Energie und lassen die Energie fließen. Sie strömt über unsere Arme in die Hände. Durch unsere geöffneten Handchakras fließt nun die Energie zu den entsprechenden Stellen des Körpers, die die Lebensenergie benötigen.

Jeder Mensch kann auf seine ganz besonderen Art und Weise erfahren, wie diese natürliche Energie dazu genutzt werden kann, Prozesse ins Gleichgewicht zu bringen und damit Heilung, Ganzheit, Wohlbefinden, Wachstum und Bewusstseinserweiterung erreicht werden kann.

Reiki wirkt ***grob- und feinstofflich.*** Es wirkt also:

- auf der Körperebene und
- auf der Energieebene.

Deshalb aktiviert Reiki nicht nur die Selbstheilungskräfte, sondern fördert innere Qualitäten wie Liebe, Anteilnahme, Mitgefühl, Vertrauen, Selbstentfaltung und heitere Gelassenheit.

Mit Reiki zu arbeiten, setzt eine Einweihung in die einzelnen Reiki-Grade voraus. Es gibt 3 Grade:
1. Reiki-Grad: hauptsächlich zur Selbstbehandlung und -reinigung
2. Reiki-Grad: Arbeit mit den drei Reiki-Symbolen und -Mantren und deren Anwendungen bei sich und anderen
3. Reiki-Grad – der Meister/in-Grad: Arbeit mit entsprechendem Reiki-Symbol und -Mantra für sich
3. Reiki-Grad – der Lehrer/in-Grad: autorisiert andere in alle Grade einzuweihen

Auch bei Reiki wirkt wieder das Gesetz der Analogie:
Der 1. Grad steht hauptsächlich für den Körper,
der 2. Grad baut darauf auf und steht für den Geist und
der 3. Grad für die Seele.

Ich selbst arbeite seit über 20 Jahren leidenschaftlich mit Reiki. Jahrelang leitete ich Reikigruppen, in denen sich reikiinteressierte Menschen treffen konnten, austauschen und behandeln konnten. Es ist eine sehr inspirierende Gruppe, die ich nun an eine meiner Schülerinnen abgegeben habe, welche sie in meinem Sinne liebevoll weiterleitet.

Da Reiki universelle Lebensenergie des Kosmos ist, fließt diese Energie trotzdem – auch ohne Einweihungen – in uns. Nur längst nicht so stark wie nach den Einweihungen! Deshalb kannst du auch als nicht in Reiki eingeweihter Mensch die Wirkung mit den nachfolgenden Übungen ausprobieren:

Übung Nr. 115 **Energieübertragung bei dir**

Lege deine Hände auf eine Stelle deines Körpers, von der du weißt, dass sie Energie braucht.

Das können dein Kopf bei Überlastung sein, deine Knie, dein vollgefutterter Bauch oder die unangenehmen Zahnschmerzen ... Wo immer du gerade Bedarf hast.

Stimme dich nun medial ein, *bitte um die heilende Kraft der Reiki-Energie und lass sie fließen!* Tue nichts aktiv dabei, sei nur passiv!

Lass es zu und nimm dein Wohlbefinden auf körperlicher, geistiger und seelischer Ebene vor und nach der Reikibehandlung wahr!

Übung Nr. 116 **Energieübertragung bei anderen**

Wende nun dieselbe Technik wie in Übung Nr. 115 bei einer anderen Person, Tier oder Pflanze usw. an!

Lege deine Hände auf die entsprechende Stelle des Körpers, von der du weißt, dass sie Energie braucht.

Stimme dich nun medial ein, *bitte um die heilende Kraft der Reiki-Energie und lass sie fließen!*

Tue dabei nichts aktiv, sei völlig passiv und lass geschehen!

Nimm dein Wohlbefinden auf körperlicher, geistiger und seelischer Ebene vor und nach der Reikibehandlung wahr!

Mehr kann ich dir hier zu Reiki nicht vermitteln. Das Reiki-System nach Mikao Usui bietet mit seinen Symbolen eine unendliche Vielzahl von Anwendungsmöglichkeiten, welche aber erst durch die Einweihungen, also Initiierungen in die einzelnen Reiki-Grade praktizierbar sind.

7.4 Auraarbeit und -heilung

Mit bzw. in der Aura zu arbeiten, kann sehr wohltuend und vitalisierend sein. Blockaden können abgebaut werden, Spannungen gelöst, Stress abgebaut und die Energie wird wieder ins Fließen gebracht.

Aber Achtung! Merke stets: **Mit der Aura eines anderen Menschen zu arbeiten, setzt die Einwilligung dieser Person dafür voraus. Das ist sehr wichtig und notwendig! Sonst mischen wir uns in fremdes Karma ein und stiften unter Umständen großes Chaos.**

Beim Arbeiten mit der Aura ist das Hellsehen und Hellfühlen vordergründig. Bei manchen Menschen funktioniert es auch sehr gut über das Hellwissen, ohne dass sie jemals die Aura gesehen haben oder sehen können.

Auraarbeit geschieht mit den Händen. Einige Menschen können über die Handchakren sehen. Ich selber arbeite zum Beispiel so. Das ist praktisch, ich habe damit 5 Augen zum Sehen zur Verfügung, zwei körperliche, das dritte Auge und die beiden Handchakren.

Das Gute bei der Auraarbeit ist, dass darüber Defekte gesehen werden können, die schulmedizinisch noch nicht diagnostiziert werden können, da sie sich noch nicht (zum Glück!) körperlich manifestiert haben. So kann frühzeitig vorgebeugt werden, um sich einschleichende Krankheiten schon energetisch zu behandeln.

Übung Nr. 117 **Aura glatt streichen**

Wenn wir emotional sehr erregt sind, ist das auch in unserer Aura sichtbar. Die Aura zu glätten ist wie Haare kämmen nach einem wilden Tanz, nämlich unserem emotionalen Tanz!

Kämmen wir uns danach, sehen wir nicht nur ordentlich aus, sondern fühlen uns wieder aufgeräumt und harmonisiert.

Wenn du bei einer Person die Aura glattstreichen möchtest (bei sich selbst geht das leider nicht so gut), dann stimme dich medial ein und beginne dann damit am Kopf in geraden weichen Bewegungen mit deinen Händen – von oben nach unten am Körper entlang, die Aura im Abstand von circa 20–30 Zentimeter glatt zu streichen.

Die Handflächen sind dabei geschlossen, so dass eine große Oberfläche entsteht.
Gehe dabei um den ganzen Körper, immer von oben nach unten, bis du einmal herum bist!
Stell dir vor, du würdest eine Buttecremtorte mit dem Messer glatt streichen. Es ist dasselbe Prinzip. Auch da sollen keine Dellen und Kerbungen entstehen.

Lass dir einen Bericht von der Person geben, wie es ihr vor und nach der Aurabehandlung ergangen ist!

Folge beim Aura glatt streichen genau der aufgezeigten Pfeilrichtung, um ein erfolgreiches Resultat zu erzielen!

Übung Nr. 118 **Auraverband**

Wenn du „zu wild getanzt hast“ hilft auch kein Glattstreichen der Aura mehr. Du kannst dir dann die Aura wie aufgebrochen vorstellen, wie verletzt, die durch einen angelegten Verband wieder ruhig gestellt werden und heilen kann. Auraverbände tun einfach gut und dienen auch gleichzeitig dem Schutz.

Möchtest du dir oder einer anderen Person einen Auraverband anlegen, stimme dich medial dazu ein.

Beginne damit am Kopfende im Stehen, einen imaginären weißen Lichtverband um den Körper zu wickeln – genau so, als wenn du einen richtigen Verband anlegen würdest!

„Nein, ich bin kein Ostergeschenk, sondern das Resultat eines hilfreichen Auraverbandes!"

Der Abstand des imaginären Lichtverbands vom physischen Körper sollte circa 20–30 cm betragen.
Bist du an den Füßen angekommen, wickele ihn wieder locker bis in die Mitte und versiegele ihn mit einer großen Schleife – wie bei einem Osterei!

Nimm dein Befinden oder das der anderen Person vor und nach dem Verbandanlegen wahr!

Übung Nr. 119 **Der Auracheck**

Diese Übung benötigt sehr viel Erfahrung, ich möchte sie aber doch schon an dieser Stelle anbringen.
Es ist möglich, medial die Aura einer Person abzuchecken, nach Störfeldern zu suchen, die Aktivitäten, Größe und Öffnungen der Chakras wahrzunehmen und vieles mehr.
Für diese Übung benötigst du Schreibzeug.
Wenn du dich darin versuchen willst, stimme dich dazu medial ein und konzentriere dich nun auf deine Fähigkeiten des Hellsehens, Hellfühlens oder Hellwissens.

- *Wie groß sind die einzelnen Auraschichten?*
- *Wo gibt es Störfelder in der Aura?*
- *Wie weit sind die einzelnen Chakren geöffnet?*
- *Wie aktiv oder weniger aktiv sind die einzelnen Chakren?*

Schreibe und male alle Resultate detailliert auf.

1. **Vergleiche deine medial empfangenen Resultate mit dem Wohl- oder Unwohlsein der bei dir Rat suchenden Person, bei welcher du den Auracheck durchgeführt hast!**
2. **Vergleiche die empfangenen Resultate mit Informationen über Chakren in einem Buch!**

Übung Nr. 120 **Aura malen**

Bei dieser Übung kannst du jetzt deine hellsichtigen Fähigkeiten trainieren: Meistens erkennt man beim Auramalen als erstes den Ätherkörper mit seinem leuchtenden, im Idealfall zarten Hellblau. Aber vielleicht gelingt es dir schon tiefer in die Auraschichten einzudringen.

Für diese Übung benötigst du Schreibzeug und Buntstifte.

Wenn du dich nun im Aurasehen und -malen versuchen willst, stimme dich dazu medial ein und konzentriere dich nun auf deine Fähigkeiten des Hellsehens. Schaue feinstofflich:

· *Wie groß sind die einzelnen Auraschichten?*
· *Welche Farbe haben die einzelnen Auraschichten?*
· *Welche Farben sind dominant?*
· *Welche Farben leuchten?*
· *Welche Farben wirken blass oder „schmutzig"?*

Male alles exakt auf.

1. **Vergleiche deine medial empfangenen und aufgemalten Resultate mit dem Wohl- oder Unwohlsein der Person, für welche du die Aura gemalt hast!**
2. **Vergleiche das Gemalte mit Informationen aus einem Buch über Auraaufbau oder auch aus meinem Buch „Medialität & Hellsichtigkeit – das Lehrbuch", Kapitel 8.3 „Die Energiekörper des Menschen".**

Mehr und ausführlicher in meinem nächsten Buch „Medialität für Fortgeschrittene" – da mit der Aura zu arbeiten schon eine komplizierte Sache ist und viel Übung voraussetzt.

7.5 Heilung durch Arbeit mit Engeln

Engel sind Lichtwesen, welche in ganz besonderer Form einen Kontakt mit uns herstellen können, wenn wir dazu bereit sind.

Ausführlicheres gab es schon im Kapitel 6.2.6 „Hilfreiche Licht- und Engelwesen", in dem ich eingangs einiges Wissenswerte über Engel erzählt habe.

Nun wollen wir uns dem Thema Heilung im Zusammenhang mit Medialität und Engeln widmen.

Übung Nr. 121 **Erzengel**

Erzengel sind kraftvolle Engelwesen, die unterschiedliche dienende Funktionen hier auf der Erde haben. Gleichzeitig können sie uns Schutz und Heilung geben und uns helfen, uns von feinstofflichen hindernden Schwingungen zu reinigen.

Wenn du mit den Erzengeln arbeiten und deren Hilfe und Unterstützung in Anspruch nehmen möchtest, stimme dich medial ein und frage nach:

- *Welcher Erzengel unterstützt mich in meinem momentanen körperlichen oder geistig-spirituellen Prozess?*
- *Wie kann er mich in meiner Heilung unterstützen?*
- *Welche Botschaft hat er für mich?*
- *Du kannst auch bitten, dass er dir erscheint und du ihn sehen kannst.*

Ausprobieren und auf Wunder warten!
Aber Achtung! Sie könnten geschehen!

Übung Nr. 122 **Name des Engels**

Wenn du mit Engeln in Kontakt trittst, ist es immer günstig zu wissen, wie sie heißen, bzw. wie du sie rufen kannst.

Stimme dich medial ein und

- *frage den Engel nach seinem Namen! Schreibe ihn auf!*

Wende den Namen das nächste Mal an, wenn du ihn rufen willst und achte darauf, was passiert!

Übung Nr. 123 **Heilung durch Engel**

Engel können unendlich viele Wunder vollbringen, ich habe solche Wunder schon am eigenen Leib erlebt. – Ein Teil der Wunder sind Heilungen. Wir vergessen es einfach nur oft, dass es so einfach ist, darum zu bitten und meinen, dass Tabletten viel eher helfen. Probiere es aus!

Lege dir für diese Übung Schreibzeug zurecht.

Stimm dich medial ein und

- *bitte einen Engel zu dir zu kommen und Heilung geschehen zu lassen!*
- *Sprich deine Absicht nach Heilung ganz klar aus!*

- *Dann lege dich anschließend entspannt hin und vertraue dem Engel, was immer er mit dir machen will. Gib dich diesem Heilprozess hin! Sei passiv und habe Vertrauen!*

Notiere dir eventuelle Botschaften, die du vom Engel erhalten hast!

Lass es zu und nimm dein Wohlbefinden auf körperlicher, geistiger und seelischer Ebene vor und nach der Engelheilung wahr!

„So ein Glück, dass du mich gerufen hast, sonst hättest du schon wieder verschlafen!"

8. Medialität und Kreativität in Beruf und Freizeit

Dieses Kapitel soll dir helfen, deinen Blick für Kreativität und Inspiration im Alltag, in deiner Freizeit sowie in deinem Beruf zu schärfen. Du wirst staunen, wie hilfreich dir die Fähigkeit der Medialität dabei sein kann, wenn du dich an diese Möglichkeit erinnerst, anstatt an Grübelei, fehlender Inspiration oder im Arbeitsstress zu verzweifeln!

8.1 Der innere Künstler

Mit der bildenden Kunst haben wir alle einmal begonnen – und sind dann meistens in den Kinderschuhen stecken geblieben, spätestens wenn uns irgendein Lehrer in der Schule explizit erklärt hat, dass wir überhaupt kein Talent haben. Und dann haben wir es den anderen überlassen ... eigentlich schade!

Denn ob nun Bilder, Gesang oder kreative Einfälle in unserem Beruf: Die Quelle der Kreativität entspringt der Medialität.

Da jedoch die wenigsten Menschen einen künstlerischen Beruf ergriffen haben, habe ich dieses Thema auf die breite Masse der Leser zugeschnitten, ohne dabei aber die Künstler außer Acht zu lassen, denn in jedem von uns steckt ja ein Künstler. Da ich selber aus der künstlerischen Ecke komme, ist mir bewusst, dass die Kunst ein zu weites Feld ist, um sie hier in einem kleinen Kapitel abzuhandeln.

Vielleicht schreibe ich auch einmal ein Buch nur für Künstler. „Angewandte Medialität für Künstler" – so könnte es heißen.

Alle künstlerisch tätigen Menschen, die im Bereich Mode arbeiten, können sich Inspirationen aus dem schon vorausgegangenen Kapitel 6.1.1 „Kleidung" holen, welches auch für die künstlerische Arbeit gut geeignet ist und ausgebaut werden kann.

In diesem Kapitel habe ich die Kreativität in zwei Bereichen untergliedert:

- Kreativität im Berufsalltag und
- Kreativität in der Freizeit.

Hierbei möchte ich aufzeigen, dass unsere Kreativität wirklich in allen Bereiche gefragt ist und in Form von medialen Übungen auch ausprobiert werden kann.

Ich wünsche dir dabei viel Freude und spannende Entdeckungen!

8.1.1 Kreativ sein im Berufsalltag

Kreativität ist immer gefragt. Gerade im Beruf. Dabei spielt es gar keine Rolle, welchen Beruf man ausübt. Es ist ein Irrtum, zu glauben, nur wenn man einen künstlerischen Beruf ausübt, ist man ein kreativer Mensch. Ideen sind immer nötig – eben Einfälle.

Viele Erfindungen sind in der Geschichte der Menschheit durch „Zufall" gemacht worden. Also nicht planmäßig. Erfindungen wurden und werden in allen Bereichen des Lebens gemacht. Es gibt sehr hilfreiche Erfindungen aber auch ziemliche unsinnige – aber auf jedes Töpfchen findet sich ja bekanntlich das passende Deckelchen.

Erfindungen und Entdeckungen erstrecken sich über alle Bereiche des Lebens, wie beispielsweise:

- Technik
- Verkehr
- Wissenschaft
- Haushalt
- Kleidung
- Sicherheit
- Medizin
- Gesundheit und Wellness
- Medien
- Verwaltung und Büro
- und unendlich vieles mehr …

So findest du hier in diesem Kapitel Übungen, wie du deine Medialität nutzen kannst, um im Berufsalltag kreativer zu sein und wer weiß – vielleicht machst du ja eine Erfindung!

Denn jede Erfindung, jede Idee ist ein Einfall. Und zeigt uns damit, dass hier immer die Medialität mit im Spiel ist.

Übung Nr. 124 **Effektiv arbeiten**

Wenn uns der Alltagsstress eingeholt hat, ist Kreativität angesagt, um so effektiv wie möglich unsere Arbeit zu gestalten. Die meisten Erfindungen sind aus der Not geboren, weil es Menschen leid waren, Dinge tagein und tagaus immer gleich zu machen.

Trägst du diesen Wunsch ebenfalls in dir, stimme dich medial ein und frage Folgendes nach:

· *Wie kann ich meinen Arbeitsplatz effektiver gestalten?*
· *Wie kann ich meine Arbeit effektiver durchführen?*

Ausprobieren und vergleichen!
Zeit gespart und Kraft?

Übung Nr. 125 **Wichtigkeiten**

Falls du gerade in deiner Arbeit am Schreibtisch erstickst und nicht mehr weißt, wo vorne und hinten ist, stimme dich medial ein und stelle die Frage:

· *Womit fange ich zuerst an?*
· *Was ist am Unwichtigsten?*
· *Was hilft mir, Klarheit zu be- oder erhalten?*

Ausprobieren und das Ergebnis abwarten:
Bekommst du wieder Luft?
Hast du wieder – dank der medialen Übung – Klarheit über den Verlauf deiner Arbeit erhalten?

Übung Nr. 126 **Problemlösung**

Probleme sind große Herausforderungen, an denen wir wachsen, wenn wir uns ihnen stellen. Also werde nicht zum Opfer, sondern nutze deine Kreativität und Medialität zur Lösung eines Problems!

Stimme dich medial ein und frage dich dann:

· *Welche kreativen Möglichkeiten gibt es zur Lösung des Problems?*

· *Welche Problemlösung ist die beste?*

· *Wo liegen die Ursachen für das Problem?*

Ausprobieren und daraus lernen!

Übung Nr. 127 **Gute Argumente**

In deiner Firma sind Änderungen im Gange. Der alte Zustand ist so nicht mehr zu vertreten, und du oder ihr habt schon viele Ideen zur Veränderung …

Stimme dich medial ein und frage nach:

· *Welche Vorschläge gibt es, um den Chef am besten von den neuen Ideen des Teams zu begeistern?*

· *Mit welchen Argumenten und Tricks bekomme/n ich/wir ihn rum?*

Es wagen und die Reaktion vom Chef abwarten!

Übung Nr. 128 **Arbeitsbedingungen verbessern**

Manchmal gibt es einfach schlechte Arbeitsbedingungen oder Stress: Die Füße tun weh vom vielen Stehen, der Rücken schmerzt und es ist kein Ende abzusehen …

Aber du kannst um Linderung bitten!

Möchtest du das, stimme dich medial zu diesem Zwecke ein und tue Folgendes:

Bitte die geistige Welt um heilende Energien und entsprechendes farbiges Licht, damit sich so für dich und/oder deine Kollegen die Arbeitsbedingungen verbessern bzw. diese erträglicher werden.

Ausprobieren und auf des Wunder warten!

8.1.2 Kreativ sein in der Freizeit

In diesem Kapitel möchte ich Bereiche ansprechen, die zu künstlerischen Ausdrucksweisen gehören, egal ob sie nun professionell oder nur von Laien praktiziert werden.

Ich hoffe nur, dass der Profi-Künstler sich nicht auf die Füße getreten fühlt, denn ohne Frage gehört mehr dazu als sich „nur mal medial auszuprobieren", um sein Handwerk richtig gut zu beherrschen.

Welche Bereiche zähle ich nun dazu?

- Singen
- Nähen
- Basteln
- Malen/Zeichnen
- Schreiben
- Schauspielen
- Instrument spielen
- Entwerfen
- Bauen
- Wohnung, Räume gestalten, umbauen
- Garten anlegen, gestalten

Da es so ein weites Feld ist, möchte ich diesen Bereich für sich sprechen lassen und habe nur einige Übungen ausgewählt.

Lass dich davon inspirieren! Vielleicht kannst du diese Übungen ja für deinen eigenen, ganz persönlichen kreativen Bereich ableiten.

Dem musikalischen Bereich habe ich ein gesondertes Kapitel gewidmet und es „Der inneren Musiker" genannt.

Übung Nr. 129 **Bilder malen lassen**

Diese Übung ist eine mediale Übung zum Bereich Malerei und Grafik. Bist du offen für dieses Experiment?

Stimme dich medial ein und *bitte die geistige Welt, dir ein Bild zu einem bestimmten Thema zu senden.*

Du kannst auch um ein heilendes Bild für dich oder eine andere Person bitten oder einfach um ein „Überraschungsbild"!

Dann nimm den Pinsel oder den Stift und male los! Nur Mut!
Male ein Bild, besser noch „lass" es malen!
Gib dich ganz hin, ohne zu bewerten und sei neugierig, was dabei herauskommt!

Wenn du mit dem Bild zufrieden bist und es seine erwünschte Wirkung zeigt, hat es wohl funktioniert.

Lass dich medial führen und gib dich dem hin, was auf der Leinwand geschehen will!

Übung Nr. 130 **Wohnung gestalten**

Hier nun eine mediale Übung zum Bereich Dekoration und Innengestaltung:

Stimme dich medial ein und *bitte um Unterstützung und Tipps bei der Einrichtung und Gestaltung einer bzw. deiner Wohnung.*

Folgende Fragen können hilfreich dabei sein:

- *Welche Farben sollen vorherrschen?*
- *Welche Einrichtungsgegenstände sollen sich in der Wohnung befinden?*
- *Welche Materialien können/sollten kombiniert werden?*

Fühle nach, ob es dir gefällt. Dein Gefühl ist die beste Kontrolle nach Stimmigkeit!

Übung Nr. 131 **Einen Entwurf gestalten**

Entwürfe gibt es in den verschiedensten Bereichen: Es kann in der Welt der Mode ein ausgefallener Schnitt sein; kann eine interessante Farbkombination oder ein Materialmix von Kleidern, Möbeln oder Inneneinrichtungen sein; ein Schmuckentwurf; der Entwurf für eine gestaltete Gartenanlage; oder beim Hausbau beispielsweise eine interessante Dachkonstruktion oder ein Eingangsbereich.

Ob nun als Profi oder als Hobbydesigner, stimme dich medial ein und

- *bitte ganz klar die geistige Welt um den entsprechenden Entwurf oder die Entwürfe zu dem bestimmten Thema.*
- *Lass Fülle zu und beiß dich nicht an einem Entwurf fest!*
- *Zeichne wild drauflos!*
- *Vergiss, dass dir irgendwann einmal jemand gesagt hat, dass du nicht zeichnen kannst!*

Ob die mediale Übung gelungen ist, kannst du durch die Brauchbarkeit der Entwürfe feststellen!

Übung Nr. 132 **Gedicht oder Geschichte schreiben**

Kommen wir zum Abschluss zum kreativen Schreiben. Diesmal aber ebenfalls als mediale Übung.

Am besten machst du diese Übung schon am frühen Morgen im Bett vor dem Aufstehen. Lege dir dazu am Abend Schreibzeug an dein Bett!

Stimme dich morgens, gleich nach dem Wachwerden medial ein und

- *bitte um ein Gedicht oder eine Geschichte!*
- *Schreibe dann einfach drauflos – ohne zu denken! – Das geht am Morgen am leichtesten, weil da dein Kopf noch nicht eingeschaltet ist.*
- *Schreibe, lass dich fallen und werde zu dem Geschriebenen!*

Entscheide selbst anhand des Gedichtes oder der Geschichte, ob dir das Geschriebene gelungen ist!

8.2 Der innere Musiker

Musik begleitet uns alle im Leben. Entweder singen wir beim Staubsaugen oder beim Duschen im Bad, wo uns hoffentlich keiner hört oder wir singen Songs die wir lieben aus dem Radio mit, singen für unsere Kinder und Enkel Kinderlieder. Oder aber wir singen beim Wandern, am Lagerfeuer, im Kirchenchor, Gesangsverein, Gospelchor oder gar professionell in einer Band.

Und wenn wir selber nicht singen, dann hören wir CD's oder besuchen ein Konzert. Keiner entkommt der Musik.

Hier nun ein paar mediale Anregungen zum selber singen und Musizieren.

Übung Nr. 133 **Tönen**

Tönen ist von Alters her eine Methode, um heilende Schwingungen im Raum oder im Körper auszubreiten und wirken zu lassen. Es ist sehr einfach, nur in unseren Breitengraden und unserer Kultur leider ein wenig in Vergessenheit geraten.

Wenn du diese Erfahrung machen möchtest, stimme dich dazu medial ein und

- *bitte die geistige Welt darum, dass heilende klärende Töne durch dich strömen und aus dir heraus fließen sollen!*
- *Lass diese Töne dann einfach zu und lass dich von ihnen tragen!*
- *Sei dabei voller Hingabe und tue nichts aktiv!*
- *Lass es in dir und aus dir heraus tönen!*

Nimm die Wirkung des Tönens wahr!
Spüre den Unterschied deines Befindens vor und nach dem Tönen!

„Die Musik ist gut, die ich empfange. Nur leider habe ich Schwierigkeiten beim Empfangen des Textes! Oh, Sole mio!"

Übung Nr. 134 **Mediale Lieder**

Viele Kompositionen sind medial entstanden. Vielleicht kannst auch du auf diese Weise wirklich wunderbare neue Lieder kreieren, an denen sich die Menschheit erfreuen kann!

Ich selbst singe oft stundenlang mediale Lieder. Sie sind so wunderschön. Leider fehlt mir immer die Zeit, sie aufzuschreiben. Ich könnte dann gut einen Profi-Musiker gebrauchen, der sie umsetzt …

Eine Schülerin von mir, welche eine bekannte Sängerin und Songschreiberin ist, erzählte mir, dass sie eines ihrer Lieder in nur einer halben Stunde fertig geschrieben hatte. Es war medial empfangen! Und es wurde der totale Erfolg!

Möchtest du dich auch auf solch eine Erfahrung einlassen?

Dann stimme dich medial ein und *bitte die geistige Welt darum, dir ein Lied zu schicken:*

- *Sei ganz offen, ohne Hemmungen und singe es!*
- *Lass es durch dich durch singen! Lass es in dir singen!*
- *Du wirst zu dem Lied!*
- *Gib dich ganz den Tönen hin!*

Du löst dich damit auf und verschmilzt mit dem Lied.

Es ist eine sehr meditative, tiefe spirituelle Erfahrung.

Vielleicht empfängst du auch einen Text dazu. Lass dich überraschen.

Mut besitzen, es ausprobieren und lossingen!

Übung Nr. 135 **Instrument spielen**

Wenn du ein Instrument spielen kannst, musst du die Technik beherrschen und hast Noten, nach denen du Stücke eingeübt hast. Ich selbst habe 7 Jahre Klavierunterricht gehabt und weiß, welche Mühe hinter der Erlernung von Technik steckt.

Aber es geht auch anders.

Stimme dich medial ein und *bitte darum, das entsprechende Instrument medial spielen zu können!*

- *Lass deine Finger über die Tasten gleiten oder die diversen anderen Bedienelemente, je nach Instrument! – Natürlich bläst sich eine Klarinette nicht von selbst, aber wie du blasen musst oder das Gefühl zu dem*

Instrument entwickelst, kannst du dir medial aneignen. – Vielleicht hast du in einem früheren Leben dieses Instrument schon gespielt.

· *Nutze diese Erinnerungen aus deinen Zellen! Lass sie zu! – Es ist dann ein wie „in Trance" spielen. – Es ist wie beim Medialen-Lieder-Singen: Du wirst zu der Musik! Du fließt mit dem Instrument mit, wirst zu dem Instrument und löst dich darin voller Hingabe auf. Sonst geht das nicht.*

Auf diese Weise habe ich schon Geige gespielt und auch Flöte und war selber sehr überrascht.

Viel Freude dabei, es eine hervorragende Meditation!

Ausprobieren und überraschen lassen!

8.3 Die Heilung des inneren Kindes

Das innere Kind hat ganz viel mit der Kreativität zu tun, denn es ist der weibliche Aspekt in uns, welcher sich jenseits vom Rationalen für das Feinstoffliche öffnet, medial ist und damit kreativ.

Ich benutze den Begriff „Inneres Kind" sehr gerne, weil dadurch die Unschuld zum Ausdruck kommt, die Absichtslosigkeit – jenseits von Wollen und Denken. Diese Unschuld ist mit Zeitlosigkeit verknüpft. – Denn Kreativität kann nicht nach Plan entstehen.

Eine Bekannte von mir, die Journalistin ist und kreatives Schreiben unterrichtet, hat einmal so schön gesagt:

„Man muss sich mit der Feder auf dem Papier ausruhen können!"

Das trifft es sehr gut. Kinder haben von sich aus unendlich viel Zeit, sind verträumt und leben in ihrer eigenen Welt. Das passt uns Erwachsenen, die wir diszipliniert und konzentriert sind, nicht und wir wollen die verträumten Kinder oft wachrütteln, um sie aus unserer Sicht lebensfähig zu machen.

Dieses verträumte Kind wohnt in uns allen. Bei manchen von uns ist es clever und verstellt sich, bei anderen sitzt es vernachlässigt irgendwo im Keller und bei wieder anderen bockt es, muss sich immer melden und lässt den Erwachsenen nicht wirklich zu Wort kommen. Bei den wenigsten von uns ist es erlöst, kann es also immer, wenn Bedarf ist, zu Wort kommen, wird an der richtigen Stelle gesehen und bekommt seine Bedürfnisse erfüllt.

Wer von uns traut sich wirklich, mal wild im Regen in Pfützen herumzuspringen, unanständig laut zu lachen, sich den Bauch bedenkenlos (und ohne Rücksicht auf die Gesundheit und die Figur!) mit Schokolade voll zu stopfen, wild zu schaukeln oder sich ohne peinliche Gefühle „Heidi" oder „Die Sendung mit der Maus" anzusehen?

Jahrelang gab ich Seminare zu diesem Thema und habe immer wieder festgestellt, wie wichtig die Beschäftigung mit dem inneren Kind ist. Sie bringt Heilung und inneren Frieden, lehrt uns Selbstannahme und Respekt.

Und schließlich, wenn das Kind in uns erlöst ist, führt es zur Ausbildung unserer Kreativität.

Deshalb habe ich dieses Kapitel der Kreativität zugeordnet und nicht der Heilung.

Übung Nr. 136 **Die erste Begegnung**

Am wichtigsten ist die erste Begegnung mit dem inneren Kind. Vielleicht kennst du es schon, aber vielleicht hörst du auch hier gerade das erste Mal davon. Möchtest du eine Begegnung mit deinem inneren Kind?

Dann stimme dich medial ein und *öffne dich dabei hauptsächlich für die Fähigkeit des Hellsehens und Hellfühlens.*

- *Bitte nun darum, dass dein inneres Kind erscheint und dass du es sehen kannst!*
- *Schaue dir genau an, wie es aussieht und wo es sich befindet!*
- *Sprich es an, begrüße es und frage es, ob es dir etwas mitteilen will! Lausche auf die Antwort!*
- *Gehe in einen inneren Dialog deiner Wahl mit ihm, je nach Möglichkeit und Offenheit des Kindes und deiner Fähigkeit!*

Schreibe und male alles Gehörte und Gesehene auf!

Nimm wahr, ob das Erlebnis dein Herz berührt hat. Dann ist es wahr und entspringt nicht deiner Phantasie!

Übung Nr. 137 **Miteinander sein**

Wenn du/ihr miteinander schon vertraut seid, du und dein inneres Kind, dann könnt ihr euch regelmäßig treffen und ganz bewusst ein Date ausmachen.

Ihr könnt miteinander spielen, zusammen malen, singen oder Blödsinn machen, alles, was euch zusammen glücklich macht.

Zu diesem Zwecke stimme dich medial ein und frage dein inneres Kind:

- *Was wills es?*
- *Was wünschst es sich?*
- *Was will es unbedingt mit dir zusammen machen?*

Ausprobieren! Beobachte dich – wenn dadurch mehr Leichtigkeit in dein Leben kommt, liegst du richtig!

Innerer Frieden entsteht dann, wenn beide gemeinsam – inneres Kind und Erwachsene/r –einander respektieren und die Aufgaben sinnvoll verteilt haben.

Übung Nr. 138 Erwachsene/r und Kind

Innerer Frieden entsteht dann, wenn beide gemeinsam – Erwachsene/r und das innere Kind – im inneren Frieden sind, sich gegenseitig respektieren und die Aufgaben gut verteilt sind.

Hier einige Anregungen und eine mediale Übung, um dafür Unterstützung zu erhalten. Stimme dich dazu medial ein und frage nach:

- *Was hilft dir als Erwachsene/r, liebevoll und geduldig mit deinem inneren Kind umzugehen?*
- *Was hilft deinem inneren Kind, leichter mit dir umzugehen?*
- *Was könnt ihr beide gemeinsam machen – Hand in Hand, und vor allem in welcher Form?*
- *Welche Aufgaben sind nur für dein inneres Kind?*
- *Welche Aufgaben sind nur für dich?*

Probiere es aus!

Übung Nr. 139 Ängste

Kinder haben Ängste. Das ist ganz normal. Wenn du dich an deine eigene Kindheit erinnerst, weißt du auch, dass du in einigen Situationen über die du heute wahrscheinlich lachen würdest, ängstlich warst.

So ist es auch mit deinem inneren Kind.

Es ist sehr hilfreich, auf die Ängste deines inneren Kindes einzugehen.

Dazu stimme dich medial ein und frage dein inneres Kind:

- *Wovor hat es Angst?*
- *Warum/aus welchem Grund hat es davor Angst?*
- *Was kann ich tun, um ihm zu helfen?*
- *Wie kannst du ihm als Erwachsene/r Sicherheit und Schutz geben?*

Auf medial erhaltene Antworten eingehen und beherzigen! Wenn es stimmt, wird dein Leben leichter und du wirst deine Aufgaben souveräner bewältigen können!

9. Medialität und geistig-spirituelles Bewusstsein

Da die Fähigkeit der Medialität selbst schon ein geistig-spiritueller Prozess ist, liegt es nahe, dass durch das Praktizieren der Medialität unsere Sinne und unser Bewusstsein erweitert werden.

Wenn uns diese Fähigkeit bei der Bewältigung unseres Alltags hilft, so hilft sie natürlich auch umso mehr bei unserem geistig-spirituellem Erwachen.

Dazu ist die nötige Wachheit, um die Meisterschaft über unser Leben zu gelangen, genau so von Nutzen wie das Verstehen von energetischen und karmischen Hindergründen, um uns in unserer Gesamtheit als Seele zu begreifen! Ebenfalls gehört der direkte Kontakt mit geistigen Lehrern und Meistern dazu.

9.1 Der innere Lehrer und Meister

Kontakt mit einem geistigen Lehrer aus der feinstofflichen Ebene ist sehr inspirierend für deine Entwicklung. Aber unvergesslich wird dir der Kontakt mit einem Meister bleiben. Seine Präsenz strahlt unendlich und schmilzt alle Zweifel und Widerstände.

Vorausgesetzt, du bist bereit dazu und lässt es zu. Dann gibst du ein Signal dafür, dass du auf der Suche nach einem Meister bist!

Diese Suche wiederum setzt eine gewisse geistig-spirituelle Reife voraus. Doch ich gehe davon aus, dass du dieses Kapitel nicht lesen würdest, wenn du diese Reife nicht hättest oder haben willst …

Übung Nr. 140 **Das höhere Selbst**

Das höhere Selbst ist der erleuchtete Teil von uns – der Teil, der nie inkarniert wurde – der immer den Kontakt zum Licht hat. Umso mehr wir uns entwickeln, desto leichter ist dieser Kontakt herzustellen. Auch dabei hilft die Fähigkeit der Medialität sehr.

Stimme dich medial ein und *bitte dein höheres Selbst, mit dir in Kontakt zu treten.*

Wenn der Kontakt hergestellt ist, stelle deinem höheren Selbst individuelle Fragen deiner Wahl über dich, dein Verhalten und deine Entwicklung.

Notiere dir alle Antworten exakt.

Wenn du das Gefühl hast, brauchbare Antworten erhalten zu haben, musst du wohl „den richtigen Kanal eingestellt" haben.

Hinweis:

Das merkst du daran, dass du innerlich ruhig und friedvoll wirst und die richtigen medialen Antworten einen konstruktiven inneren Prozess auslösen.

Übung Nr. 141 **Meisterenergien**

Mit einer Meisterenergie in Kontakt zu treten, erfordert viel Übung und auch das nötige Bewusstsein dafür. Aber probiere es aus. Wenn du dies noch nie getan hast, lass dich inspirieren, welche Meister es gibt und spüre die Vielfalt der verschiedenen Möglichkeiten:

- über Bücher im Esoterik-Buchhandel,
- über die Aura-Soma-Essenzen, welche den Meistern zugeordnet sind oder
- durch Erzählungen anderer Personen über Meister.

Nimm wahr, von welchem Meister du dich angezogen fühlst. Lass die Energie zu und stimme dich dann medial ein:

- *Bitte darum, dass diese Meisterenergie durch dich hindurch fließt!*
- *Sei einfach!*
- *Bleibe dabei passiv und genieße es!!*

Vielleicht erhältst du auch eine Botschaft, wenn du sehr klar bist. Aber sei dir bewusst, dass dies nicht einfach ist. Es kann sogar sein, dass andere, nieder schwingende Wesen deinen Kanal eventuell benutzen wollen und sich für einen Meister ausgeben können. Sei wach!

Wenn du wirklich eine Meisterenergie kanalisiert hast, spürst du klar die Energie und es gibt daran keinen Zweifel. Dann wirst du von innerem Frieden und von Liebe durchströmt und es ist Stille in dir!

9.2 Meditation und Wachheit

Wachheit und Bewusstsein gehen mit deiner geistig-spirituellen Entwicklung einher. Erleuchtung ist ohne Wachheit nicht möglich.

Diese Übungen helfen dir persönlich, deine Wachheit zu schulen und damit im Alltag präsent zu sein. Denn nur mit der nötigen Wachheit gelingt es dir, dein Leben erfolgreich zu meistern!

Entwicklung ist ohne Wachheit nicht möglich. Die Medialität kann dir dabei helfen, dich zu wecken.

Übung Nr. 142 **Der Engel der Wachheit**

Mache eine Vereinbarung mit dem Engel der Wachheit!
Stimme dich medial ein und *bitte diesen Engel, dass er dich jederzeit ermahnt, wenn du nicht wach bist und unbewusst durchs Leben gehst!*
Vereinbart ein klares Zeichen, damit du den liebevollen Anrüffler auch mitbekommst!

Wenn du Ermahnungen aus der feinstofflichen Welt in Phasen von Unbewusstheit erhältst, dann muss es wohl funktioniert haben …

Übung Nr. 143 **Anleitung zum Wachsein**

Wenn es dir besonders schwer fällt, den Tag über wach zu sein und du immer wieder in das Unbewusste abschweifst, kannst du um eine persönliche Anleitung bitten.
Stimme dich medial ein und *bitte um eine geistig-spirituelle Anleitung:*

- *Was hilft mir, am Tage wacher und aufmerksamer in allen Dingen zu sein?*

Schreibe dir diese Anleitung detailgetreu auf und hänge sie dir sichtbar hin, damit du sie benutzen kannst!

Wenn die Anleitung funktioniert und dir hilft, muss sie von dir wohl richtig empfangen sein!

Übung Nr. 144 **Persönliche Meditation**

Geistig-spirituelle Entwicklung ist etwas sehr individuelles. Deshalb gibt es unterschiedliche Meister und unterschiedliche Bewusstseinswege! Aber alle führen zum selben Ziel!
Stimm dich medial ein und *bitte um eine ganz persönliche Meditation, die du täglich ausführen kannst!*
Eine Meditation, die genau auf dich und deinen momentanen Bewusstseinszustand zugeschnitten ist und die dir hilft, dich leicht und mit Freude spirituell weiterzuentwickeln!

Wende die Meditation an und überprüfe dabei, ob sie dir wirklich weiterhilft!

9.3 Karmische Verknüpfungen und Bilder

Karmische Bilder zu empfangen heißt, in die Vergangenheit medial zu schauen, um Bilder, Situationen und Ereignisse der Seele in anderen Körpern aus vergangenen Leben, also anderen Inkarnationen zu erkennen und deren Zusammenhänge aufzeigen zu können.

Das ist wahrlich mit eine der schwierigsten medialen Übungen.

Dazu kann ich aus eigenen Erfahrungen sagen, entweder man hat diese Fähigkeit oder man hat sie nicht.

Aber auch da möchte ich Mut machen: Alles ist erlern- und trainierbar. Es sind immer sehr amüsante Stunden in der medialen Ausbildung, wenn meine Schüler in vergangene Leben schauen dürfen, um sich mit karmischen Bildern und Zusammenhängen zu üben!

Und vor allem, was da schon alles für Quatsch herausgekommen ist! Wer oder was wir, laut unserer Schüler, schon so alles gewesen sein sollen! Wir haben schon viel gelacht – Tränen gelacht!

Doch immer gibt es aber pro Ausbildungsjahrgang ein oder zwei Schüler/innen, die auffällig gut sind, die die Grundenergie der Seele auf Anhieb richtig erkennen und nach mehrmaligem Üben schon einigermaßen stimmige Ergebnisse erzielen.

Empfehlenswert sind Rückführungen in vergangene Leben, denn damit wird der Resonanzboden für die Vielfalt an Möglichkeiten eröffnet, die es an vergangenen Leben gibt.

Umso erwachter eine Seele ist, desto mehr kann sie sich an ihre vergangenen Leben erinnern. Es ist sogar so, dass sich diese einzelnen Leben zusammenfügen wie ein einziges langes Leben.

Solch einer Seele fällt es auch leicht, mit karmischen Bildern und Zusammenhängen zu arbeiten, weil der eigene Resonanzboden dafür geschaffen ist.

Ich bemerke bei meinen Schülern, dass gerade diejenigen, welche auch die Ausbildungen zum/r Rückführungsleiter/in bei mir absolviert haben und sich dadurch selber mit ihren vergangenen Leben beschäftigt haben, einen viel größeren Resonanzboden besitzen als andere, die sich beim Empfangen von karmischen Bildern noch quälen. Und so sind es meist diese mit dem größeren Resonanzboden, die beim medialen Empfangen von karmischen Bildern positiv auffallen.

Wenn der innere Prozess anfängt, dass du innere Bilder in dir hast, von denen du ahnst oder auch schon weißt, dass sie aus vergangenen Leben kommen, dann beschäftige dich ausführlich damit! Das ist eine sehr gute Vorbereitung. Lass dich ein auf sie, fühle die eigenen Geschichten, lass sie vor deinem dritten Auge lebendig werden!

Wenn du dann noch die AKHESY®-Technik sicher beherrschst, bist du für die Aufbautechnik zum medialen Arbeiten mit karmischen Bildern bereit.

Diese gibt es dann ausführlich im Buch „Medialität für Fortgeschrittene", denn sauber mit karmischen Bildern zu arbeiten, muss wirklich gekonnt sein und erfordert sehr viel Erfahrung.

9.4 Die Meisterschaft im Leben erlangen

Die Meisterschaft im Leben zu erlangen schließt ein, die eigene Lebensaufgabe zu kennen und den Lebensweg damit bewusst gehen zu können. Zu diesem Zweck ist die Basis für alles: die Liebesfähigkeit, der Respekt und die Achtung allem Lebendigen gegenüber. Dazu gehören letzten Endes auch wir selbst.

Deshalb ist im Teil IV dieses Buches ein ganzer Abschnitt (Kapitel 21.) dem Thema „Selbstliebe und Respekt" gewidmet.

Die Meisterschaft im Leben zu erlangen setzt also voraus, seine Mission mit der man inkarniert ist, zu kennen. Aber auch das ist etwas für Fortgeschrittene und wird im Buch „Medialität für Fortgeschrittene" ausführlich behandelt.

Hier möchte ich den Schwerpunkt setzen, Übungen anzubieten, die dir helfen, dieses Bewusstsein und die Qualität zu erreichen – mediale Übungen also, die als Vorbereitung für den nächsten Schritt dienen.

Übung Nr. 145 **Mitgefühl und Respekt**

Das Zusammenleben mit deinen Mitmenschen ist umso einfacher und schöner, je mehr Mitgefühl vorhanden ist.

Hier nun eine mediale Übung, um das Thema medial zu beleuchten. Stimme dich medial ein und frage Folgendes nach:

· *Wie geht es meinem Gegenüber?*
· *Bin ich in der Situation im Mitgefühl gewesen?*
· *Wo war ich blockiert?*
· *Wo bin ich nicht im Respekt anderen gegenüber?*

Es wird dir leichter ums Herz und weiter, wenn du stimmige mediale Resultate erzielst.

Übung Nr. 146 **Herzöffnung**

Ziel jeder menschlichen Entwicklung ist es, seine Liebesfähigkeit zu entwickeln und damit sein Herz zu öffnen.

Nutze auch dazu deine medialen Fähigkeiten, um anhand dieses Themas eine Übung zu praktizieren:

Stimme dich medial ein und bitte um Antwort auf folgende Fragen.

· *Was hilft mir, mein Herz zu öffnen?*
· *Was hilft mir, in meine Liebe zu kommen?*

Teste es! Wenn du die erhaltenen Inhalte anwendest, und es funktioniert, war es exakt.

Die Meisterschaft in deinem Leben zu erlangen heißt deine Liebesfähigkeit zu entwickeln und damit dein Herz zu öffnen.

10. Medialität mit Hilfsmitteln

Medial mit Hilfsmitteln zu arbeiten hat Vorteile aber auch Nachteile. Der größte Nachteil ist: Man ist von den Hilfsmitteln abhängig. Hat man diese also nicht zur Hand, kann man nicht medial empfangen.

Trotzdem ist es bei manchen Themen, Inhalten und Situationen mit bestimmten Menschen angebracht, mit Hilfsmitteln zu arbeiten. Deshalb möchte ich eine kleine Übersicht folgen lassen, welche die Vor- und Nachteile beim medialen Arbeiten mit Hilfsmitteln sind.

Vorteile:

- Ratsuchende sind aktiv einbezogen
- Ratsuchende sind sichtbar in den Prozess eingebunden
- Ratsuchende können aktiv mit Taten teilnehmen
- Ratsuchende bestimmen selbst aktiv, wie weit sie gehen wollen

Nachteile:

- Hilfsmittel nötig, sonst kein Arbeiten möglich
- Beratung weniger flexibel
- Beratung nie allumfassend, weil Einschränkung durch das Hilfsmittel
- Beratung nie ganzheitlich
- Gefahr des Wegfalls des freien Willens der Ratsuchenden

Mein Einstieg in das mediale Arbeiten in der Öffentlichkeit, war das Geben von Tarotsitzungen. Es war eine schöne Zeit, hat Spaß gemacht, aber irgendwann hat es mich gelangweilt, weil es nie allumfassend sein konnte. Mir war es ein Bedürfnis ganzheitlich zu beraten, alle Ebenen mit einzubeziehen und alle Zusammenhänge auf den unterschiedlichen Energieebenen aufzuzeigen.

Mit Hilfsmitteln zu arbeiten ist meist oder oft wie ein „Kratzen oder auch Aufbrechen der Oberfläche“. Es ist der Beginn, der Anfang eines tiefen Prozesses. Darum ist es auch sehr wertvoll und für viele Menschen ein wunderbarer Einstieg.

Ich jedenfalls wollte mehr. Mit dem Wegfallen der Hilfsmittel hat sich bei mir auch meine Klientel total verändert. Meine Arbeit war komplexer geworden und nach dem kosmischen Gesetz der Resonanz zog ich damit Menschen an, die den Blick in die Tiefe wagten und dem standhalten konnten.

Aber darin liegt keine Bewertung, denn alles ist richtig und auf seine Weise wertvoll.

Jeder Mensch braucht genau das, was seiner Entwicklung entspricht. So könnte man so manchen Menschen mit einer allumfassenden Beratung, im wahrsten Sinne des Wortes, erschlagen.

Allerdings kann man in einer Beratung beides auch genial kombinieren: Man kann die Hilfsmittel als Einstieg benutzen, somit werden Dinge für den Ratsuchenden sichtbar, und sich dann weiter medial leiten lassen.

Der Ratsuchende kann somit aktiv mitmachen und selbst entscheiden, wie weit er gehen will.

Gerade beim Pendeln nutze ich diese Technik nach wie vor sehr gerne, da diese im Folgenden aufgeführte Technik so wunderbar die Energieströme sichtbar macht, so dass die Ratsuchenden davon immer sehr beeindruckt sind.

10.1 Pendeln

Es gibt verschiedene Herangehensweisen beim Pendeln. Meine, von mir selbst entwickelte Methode, die ich hier vorstellen möchte und mit welcher ich seit langer Zeit arbeite, beruht auf dem Prinzip der Verdeutlichung von Energieströmen.

Zunächst möchte ich dieses Prinzip erläutern, welches beim medialen Arbeiten mit dem Pendel zum Tragen kommt.

Es gibt vier entscheidende Grundformen bzw. Grundbewegungen:

*a) die **horizontale Bewegung** zwischen dem Objekt und der Person*
*→ **Die Verbindung***

*b) die **vertikale Bewegung** zwischen dem Objekt und der Person → **Die Trennung***
*c) → **Der Stillstand***
*d) → **Die Kreisform***

Grundsätzlich möchte ich an dieser Stelle anmerken, dass alle Bewegungen, die durch das Pendeln entstehen, das Sichtbarmachen des Energiestromes zwischen dem auszupendelnden Objekt und der Person darstellt. Je nach Reaktion der Person auf das Objekt (oder manchmal auch in Ausnahmefällen des Objektes auf die Person), bewegt sich das Pendel anders:

Zu a) Die horizontale Bewegung zwischen Objekt und Person → Die Verbindung

Bei dieser Pendelbewegung zeigt uns das Pendel, dass die Person Interesse an dem Objekt hat, oder anders gesagt: zwischen beiden findet ein energetischer Austausch statt, also eine Art Kommunikation.

Das können wir uns wirklich wie eine feinstoffliche Unterhaltung vorstellen, die wir auch unter Umständen in Worte übersetzen können.

Das Pendel bewegt sich horizontal zwischen dem Objekt und der Person. Es verdeutlicht eine Kommunikation.

Zu b) Die vertikale Bewegung zwischen Objekt und Person → Die Trennung

Diese Bewegung zeigt an, dass zwischen der Person und dem Objekt eine Abwehr besteht. Jeglicher Austausch und jegliche Kommunikation wird also aus verschiedenen Gründen abgelehnt.

Vielleicht wegen Unverträglichkeit, wegen erhöhter Dosis oder weil es der Person Angst macht. Alle unterschiedlichen Gründe können medial abgefragt werden.

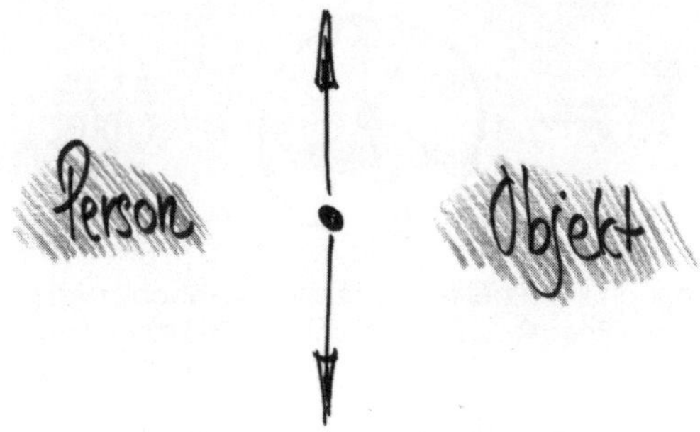

Das Pendel bewegt sich vertikal zwischen dem Objekt und der Person. Es verdeutlicht eine Abwehr.

Zu c) Der Stillstand

Wenn das Pendel stillsteht, bedeutet es, dass keinerlei Energieaustausch zwischen dem Objekt und der Person stattfindet. Es ist absolut neutral.

Das entsprechende Mittel für die Person bewirkt also nichts, es ist egal, ob es benutzt wird oder nicht. Es hilft nicht und schadet auch nichts.

Bei Stillstand des Pendels findet kein Energieaustausch statt.

Zu d) Die Kreisform

Zu guter Letzt gibt es noch *die Kreisbewegung*, die aber nach meiner Technik vernachlässigt werden kann.

Das Pendel bewegt sich plötzlich kreisförmig, beruhigt sich aber dann irgendwann wieder. Es kann medial nachgefragt werden, welche Aktion da zwischen Person und Objekt gerade stattfindet. Oft ist es ein Energieaustausch besonderer Art. Dieser ist auf keinen Fall als Ablehnung zu interpretieren.

Die Kreisbewegung entsteht sehr selten und geht meistens aus einer der drei erstgenannten Bewegungen hervor.

Die Kreisbewegung kann bei dieser Technik vernachlässigt werden. Sie ist ein Energieaustausch unterschiedlicher Art.

Eine letzte Bitte: Bitte denke daran, dass das Pendel nur durch die Bewegung die Interaktionen verdeutlicht, mehr nicht. Es gibt daran nichts Bewertendes. Oft fällt mir auf, dass ich meine Schüler dabei ertappe, dass sie sagen, dass „… das Pendel gesagt hätte, dass das Mittel gut für eine Person sei oder schlecht …!“

Es gibt nichts Gutes und nichts Schlechtes!

Und dann noch: Trotz aller Medialität habe ich ein Pendel noch nie sprechen gehört …

Vergleiche dazu Kapitel 26.4 „Wertfreie Wiedergabe von Botschaften“ in meinem Lehrbuch „Medialität & Hellsichtigkeit“ – das Lehrbuch!

… ohne Worte …

10.1.1 Die Grundtechnik zum Pendeln

Hier möchte ich nun die Grundtechnik zum Pendeln vorstellen, welche die Basis für weitere aufbauende Möglichkeiten beim Pendeln nach dem vorher bereits beschriebenen Prinzip beinhaltet.

Die einzelnen Schritte zur Übersicht lauten:

1. *Medial einstimmen*
2. *Mental auf das Objekt oder die Person einstellen*
3. *Sich für den Energiestrom öffnen, der zwischen der Person und dem Objekt fließt*
4. *Sich selber als Medium mit dem Pendel verbinden*
5. *Die geistige Welt bitten, den Energiestrom über das Pendel sichtbar zu machen*
6. *Medium sein, das Pendel bewegen lassen*
7. *Sich für Botschaften öffnen, die durch den Energiestrom von der Person oder von dem Objekt ausgehen (als Resultat der energetischen Verbindung oder Nichtverbindung)*
8. *Botschaften und Pendelresultate notieren oder erzählen*
9. *Bedanken*
10. *Das Kronenchakra schließen*

Übung Nr. 147 **Hilfreiche Speisen**

Lege dir alle Speisen auf den Tisch, die du sehr magst. Das kann die Lieblingsschokolade sein, das Vollkornbrot, die Linsen oder Möhren, der Schinken, Omas Marmelade, der vegetarische Aufstrich oder die Bonbons …

Nun pendle sie alle einzeln nach der vorgenannten Technik aus und sortiere die Speisen nach den Resultaten. Es kann sein, dass dein Körper davon einige Dinge überhaupt nicht mag, obwohl du sie gerne isst. Manipuliere nicht, sondern probiere aus!

Notiere dir alle Pendelergebnisse!

Ernähre dich entsprechend nach den Pendelergebnissen und vergleiche, ob du kraftvoller wirst und es dir gesundheitlich besser geht oder nicht!

„Und gerade diese Schokolade wollte ich heute Abend beim Fernsehen vernaschen…"

Übung Nr. 148 **Unterstützende Mineralien**

Auch Mineralien und Edelsteine kannst du auf diese Weise auspendeln, wie die Speisen.
Verfahre genauso wie Übung Nr. 147!
Notiere dir alle Ergebnisse!

Umgebe dich mit den ausgewählten Mineralien und Edelsteinen und überprüfe, ob sie dir gut tun!

Übung Nr. 149 **Das liebe Rauchen**

Rauchen wird immer als etwas Schlechtes abgetan. Aber der liebe Gott hätte es nicht zugelassen, wenn es nicht auch seinen Sinn haben würde. Für manche Menschen ist Rauchen in ihrem momentanen Entwicklungsprozess hilfreich, denn Rauchen erdet!
Natürlich ist es mit dem Rauchen so wie mit allem: Alles in Maßen und nicht in Massen!
Lege deine Zigaretten oder deinen Tabak auf den Tisch und pendele sie aus! Und staune! … oder auch nicht!
Anmerkung: Oft habe ich erlebt, wenn Menschen aus dem schlechten Gewissen heraus lieber die Light-Version ihrer Sorte geraucht haben, dass diese gar nicht gut für sie war. Teste dann also auch die „Vollversion" und vergleiche die Ergebnisse!

Höre eventuell mit Rauchen auf und staune, weil du es nicht mehr brauchst!
Oder: Genieße das Rauchen endlich ohne schlechtes Gewissen! Viel Freude dann dabei!

Übung Nr. 150 **Kosmetik**

Nimm all deine Kosmetik und lege sie zum Pendeln auf den Tisch: Zahnpasta, Hautcreme, Lotion, Shampoon, Nachtcreme, Haargel und was du sonst noch so benutzt.
Pendele es aus wie Übung Nr. 147

Je nach Resultat wechsle die Kosmetik und spüre, ob es dir damit besser geht oder nicht!

Diese Haltung am Tisch ist ideal, um alle Speisen, Getränke, Kosmetik oder dich unterstützende Mittel auszupendeln oder auspendeln zu lassen.

10.2 Die Kristallkugel

Das Arbeiten mit der Kristallkugel funktioniert nach einem anderen Prinzip. Hierbei geht es um Konzentration und Fokussierung. Es ist eine Form des Spiegelsehens.

Bilder, die sich medial im dritten Auge formen, werden durch geübte Wahrnehmung nach außen gespiegelt. ***Diesen Prozess nennt man auch Eidetik.***

Eidetisch zu arbeiten heißt, sich gedachte oder innere Situationen, Dinge oder Prozesse so plastisch vor Augen führen zu können, als ob sie tatsächlich zu sehen wären. Genau genommen projiziert man aber nur den inneren wahrge-

nommenen oder auch ausgedachten Prozess in das Außen – auf eine klare, sich reflektierende Fläche. Das kann ein Spiegel sein, ein Glas, eine Glasschüssel, ein Teller mit Tinte oder eben eine Kristall- oder Glaskugel.

Mit einer Kristallkugel zu arbeiten ist also die Projektion einer Imagination eines außersinnlichen Impulses auf diese Kugel.

Ich persönlich praktiziere das nicht, da ich mir die Konzentration, welche einem die Kugel bietet, über viele Leben hinweg anders erarbeitet habe. Aber zum besseren Verständnis ein Beispiel:

Wenn ich mich wundere, wo mein Sohn bleibt, der doch „nur mal" zu seinem Kumpel radeln wollte, stimme ich mich medial ein und empfange das Bild von ihm, wie er gerade mit wunderbar schlechtem Gewissen nach Hause radelt. Und bin dann zufrieden, weil ich weiß, es ist nichts passiert.

Soviel zum medialen Arbeiten ohne Hilfsmittel – kurz, schnell und praktisch.

Jetzt mit der Kristallkugel: Wieder stimme ich mich ein und frage, wo mein Sohn steckt. Nun nehme ich die Kristallkugel. Das Bild, welches ich vor meinem dritten Auge empfangen habe, wird nun in bzw. auf die Kristallkugel projiziert. Ich sehe also nun in der Kugel, wie mein Sohn eiligst nach Hause radelt, weil er ganz schön spät dran ist …

Übung Nr. 151 **Eidetik-Technik**

Um mit der Kristallkugel arbeiten zu können, ist es nötig, die Technik der Eidetik zu beherrschen. Hier eine kleine Vorübung, welche die Voraussetzung dafür ist.

1. *Nimm dir einen reflektierenden Gegenstand, das kann ein Spiegel sein, eine umgestürzte Glasschale oder Edelstahlschüssel, ein Teller mit schwarzer Tinte (die klassische arabische Form), oder eben die legendäre Kristallkugel. Lege diesen Gegenstand vor dich hin – am besten auf ein dunkles Tuch!*
2. *Schließe nun deine Augen und visualisiere ein inneres Bild: Das kann eine Erinnerung aus dem letzten Urlaub sein, ein Bild von deinem Kollegen gestern im Büro, von deinem Kind oder deiner Familie. Es ist völlig egal, was es ist.*

3. *Projiziere jetzt dieses bekannte Bild auf diesen Gegenstand, welcher vor dir liegt! Öffne dazu wieder deine Augen und schaue, oder eher starre in die Kugel! Tue dies solange, bis das bekannte innere Bild sich im Außen auf der Kugel zeigt!*

Vergleiche das dir erschienene Bild mit dem Bild, welches du auf die Kugel oder auf ein anderes Hilfsmittel projizieren wolltest und vergleiche!

Hinweis:
Hellsehen über Eidetik ist eine ganz spezielle Art, die nicht jedem Menschen liegt. Also, nicht verzagen, wenn es nicht gelingt – es sind alles nur Angebote zum Üben in diesem Buch!

Übung Nr. 152 **Frage deiner Wahl**

Bereite alles zum eidetisch medialen Arbeiten vor und lege dir eine persönliche Frage deiner Wahl zurecht.

- *Stelle eine Frage nach deiner Wahl und nutze die mediale Technik der Eidetik, wie vorher beschrieben!*
- *Lass nun als Antwort das Bild auf dem Gegenstand erscheinen!*

Wenn das erschienene Bild einen Sinn ergibt, scheint es dir gelungen zu sein.

Hinweis:
Allerdings ist auch das Deuten bzw. Verstehen des Bildes eine Kunst für sich, dazu gibt es eine ausführliche Beschreibung und Anleitung in meinem ersten Buch „Medialität & Hellsichtigkeit – das Lehrbuch“.

10.3 Das Orakel

Ich liebe Orakel in allen Formen und Ausführungen über alles. Sie haben etwas Spielerisches und fördern die Kreativität, denn sie sind an sich schon inspirierend.

So gibt es *Naturorakel*, Orakel aus:

- Steinchen
- Ästchen
- Blättern
- Mineralien und Kristallen
- Muscheln
- Blüten
- und vielem mehr …

Des weitern können *moderne Orakel* aus allem Möglichen bestehen, Hauptsache es sind immer mindestens sechs Dinge von derselben Sorte. So hatte eine Schülerin von mir sogar ein Orakel aus Kronkorkenverschlüssen in der Ausbildung am Strand von Mallorca zusammengesammelt, wir hatten viel Spaß damit.

Es könnten außer Kronkorkenverschlüssen aber auch beispielsweise sein:

- Zuckerpäckchen
- Bierdeckel
- Bonbons
- Kekse
- Zahnstocher
- Buntstifte
- Scheren
- etc.

… es ist völlig egal. Alles ist möglich, wenn du die Technik des Orakelns beherrschst.

Da Orakeln sehr viel Wachheit und Klarheit benötigt, um es nicht nur als Partygag zu nutzen, sondern um ernsthaft damit Probleme zu knacken, möchte ich es nur der Vollständigkeit halber hier erwähnen mit dem Hinweis, dass in meinem Buch „Medialität für Fortgeschrittene" Übungen dazu kommen werden, da die Grundlagen dafür erst geübt werden müssen.

Nicht umsonst wird bei mir erst im letzten medialen Ausbildungsjahr damit gearbeitet.

10.4 Das Kartenlegen

Die klassische Form der Medialität mit Hilfsmitteln ist die des Kartenlegens. Natürlich kann man sich die Bedeutung jeder einzelnen Karte einprägen, das finde ich aber persönlich sehr anstrengend und auch uneffektiv. Eine gute Kartenlegerin ist medial und lässt sich durch die Karten nur leiten, inspirieren.

Wenn man nach der Bedeutung geht, ist die Gefahr gegeben, dass es einfach dogmatisch wird und zu schemenhaft. Die Feinabstimmung fehlt und es kann leicht zu Fehldeutungen kommen.

Nach der Bedeutung die Karten zu legen, kann ein Einstieg sein. Da hilft es einem dann, das entsprechende Buch über die Karten zu lesen und dort die Bedeutung der jeweiligen gezogenen Karte nachzulesen.

Das hat aber nicht im Geringsten etwas mit medialer Arbeit zu tun, von der hier gesprochen wird!

So können wir völlig unterschiedliche Herangehensweisen beim Kartenlegen aufzeigen:

a) Herangehen über das Wissen der Karten, derer Bedeutung und Symbolik

b) Intuitives Kartenlegen, damit mediales Arbeiten

c) Mischform: Wissen über die Bedeutung der Karten wird benutzt, um sie intuitiv, medial deuten zu können

10.4.1 Die Wahrsagekarten

Es gibt auch bei den Wahrsagekarten verschiedene Arten von Karten. Sie entspringen verschiedenen klassischen Traditionen und haben sich je nach Kultur, unterschiedlich weiterentwickelt.

Zu den klassischen Wahrsagekarten gehören die Kipperkarten, die ich persönlich sehr mag. – An dieser Stelle möchte ich eine kleine Auflistung von den gebräuchlichsten Wahrsagekarten geben:

· Kipperkarten
· Zigeunerkarten

- Lenormandkarten
- Skatkarten
- Tarotkarten

Zum Jahreswechsel gönne ich mir immer eine Legung, wie das Jahr wird, was es bringt und was alles passieren wird – nur im Privaten oder für Freunde. Ich finde diese Art der Legung dann eine nette Abwechslung, weil es etwas Spielerisches bekommt.

Übung Nr. 153 **Das neue Jahr**

Als Einstimmung in das neue Jahr ist Kartenlegen eine schöne Möglichkeit, sich auf die kommenden Energien vorzubereiten.

Mische die Wahrsagekarten deiner Wahl gründlich, bis du das Gefühl hast, es ist ausreichend.

Stimme dich nun medial ein und stelle dir die die Frage

- *Was bringt mir das neue Jahr für Ereignisse?*

Nun lege 6 Karten verdeckt nebeneinander.

Darunter, mit ein wenig Abstand, lege noch einmal 6 verdeckte Karten.

- Decke nun die erste obere Karte auf, sie steht für die Energie des Jahres.
- Decke die zweite Karte auf, sie steht für die Gegenkraft des Jahres.
- Die dritte Karte steht für dein persönlich zu bewältigendes diesjähriges Thema.
- Die fünfte aufgedeckte Karte steht für die energetische Unterstützung, welche du erhältst.
- Schließlich die sechste Karte welche du aufdeckst, symbolisiert Unterstützung von Außen, wie von Freunden oder der Familie.

Die jeweiligen Karten, die unter diesen Karten liegen, zeigen eine Verstärkung der Energie oder eine Konkretisierung.

Lass nun die Energie der Karten fließen, sprich am besten alles laut aus, dann gibt es keinen Energiestau!

Notiere dir anschließend alles!

Vergleiche die erhaltenen Resultate mit dem Verlauf des kommenden Jahres!

Lege die Karten für Übung Nr.153 in dieser Reihenfolge aus!

Übung Nr. 154 **Lösungswege und Ziele**

Kartenlegen kann dir gut helfen, wenn du ein Ziel hast und schauen möchtest, was dich dabei unterstützt, also welche Lösungswege dich zum gewünschten Ziel bringen. Das Ziel könnte eine Selbstständigkeit sein, eine Liebesbeziehung, mehr Geld, eine Urlaubsreise oder auch innerliche Prozesse wie das Auflösen einer alten Verhaltensstruktur oder das Realisieren einer nützlichen Eigenschaft.

Mische die Wahrsagekarten deiner Wahl gründlich, bis du das Gefühl hast, es ist ausreichend.

Stimme dich nun medial ein und stelle dir die Frage:

· *Was kann mir helfen dieses Ziel zu erreichen?*

Lege nun die erste obere Karte offen vom Stapel nach links als Ausgangsposition hin!

Dann folgt als Ziel ganz rechts die nächste Karte.

Zwischen beiden Karten kannst du nun drei bis fünf Karten als Lösungsmöglichkeiten oder -wege legen.

Lass nun den Energiefluss der Karten zu, sprich am besten alles laut aus, dann gibt es keinen Energiestau!

Notiere dir anschließend alles!

Auf dem Weg zu deinem Ziel, erinnere dich an die Legung und vergleiche!

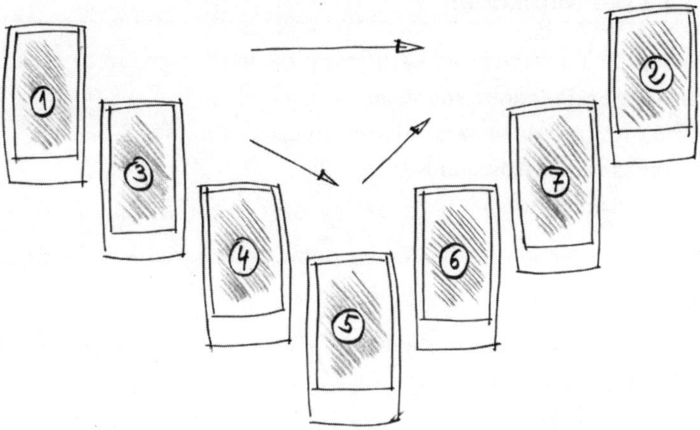

Dieses Kartenlegesystem hilft dir, Ziele zu klären und hilfreiche Kräfte zu erkennen.

Übung Nr. 155 **Absichten einer Person**

Mische die Wahrsagekarten deiner Wahl gründlich, bis du das Gefühl hast, es ist ausreichend.

Stimme dich nun medial ein und stelle dir innerlich folgende Fragen:

- *Welches Verhältnis habe ich oder eine andere Person zu einer bestimmten Person?*
- *Welche Beziehung pflegt sie, was denkt sie über mich?*
- *Ist die Person ehrlich oder verlogen?*
- *Welche Absichten hegt die Person?*

Lege dann das Kartenmuster wie in Übung Nr. 153 und gehe genauso vor.

Die Zeit bzw. Situation wird zeigen, ob deine Botschaften richtig empfangen waren …

10.4.2 Die Tarotkarten

Woher die Tarotkarten wirklich kommen, weiß niemand so genau. Es gibt viele Spekulationen darüber.

Fakt ist, dass sie in zwei Arkanen eingeteilt sind, in

- die großen Arkana und
- die kleinen Arkana.

Arkana kommt aus dem lateinischen und heißt soviel wie „Mysterium“ oder „Geheimnis“.

Es gibt auch die Vermutung, dass alle Wahrsagekarten eine abgewandelte Form des Tarots sind.

Bei den gängigen Skatkarten oder Rommékarten ist es jedenfalls klar, dass sie dem klassischen Tarot entspringen, denn die vier Farben, die ihnen inne wohnen, symbolisieren die ehemaligen vier Elemente des Tarots, die da wären:

Elemente	Entsprechungen im Tarot
Element Erde	Münzen
Element Feuer	Stäbe
Element Wasser	Kelche
Element Luft	Schwerter

Mit Tarotkarten kann man gut für sich alleine arbeiten. Sie bieten eine gute Unterstützung in der Bewusstwerdung des eigenen Prozesses.

Es gibt gute Bücher über das Anwenden und Legen von Tarotkarten. Wenn dich diese Form des Kartenlegens interessiert, kaufe dir ein Buch darüber, um unterschiedliche Tarotlegungen zu erlernen und ein Gefühl für diese Karten zu bekommen. Das macht Spaß und ist eine spielerische Form der Medialität, und ich kann dir diese Erfahrung auf jeden Fall empfehlen.

Übung Nr. 156 **Was hat der Tag gebracht?**

Manchmal haben wir chaotische Tage hinter uns oder scheinbar nutzlose, an denen wir uns am Abend nur fragen, was uns dieser Tag denn gebracht hat.
Stimme dich medial ein. Wenn du Klärung über das Tarot möchtest, mische die Karten und ziehe eine Karte mit der Frage: – *Was hat mir der Tag gebracht?*
Lass dann die Antwort medial fließen!
Sprich sie laut aus!

Du hast dann ein richtiges Resultat erzielt, wenn du dich innerlich beruhigst und dir die Zusammenhänge zwischen den Geschehnissen des Tages und derer Bedeutung klar werden.

Übung Nr. 157 **Momentane Lernaufgabe**

Manchmal befinden wir uns in Situationen, die wir nicht verstehen. Wir fühlen uns als Opfer und sehen nicht die Lernaufgabe darin.
Stimme dich, wenn du Klärung darüber möchtest, medial ein, mische die Karten und ziehe eine Karte mit folgender Frage:
· *Worin besteht meine momentane Lernaufgabe in der Situation?*
Lass dann die Antwort medial fließen!
Sprich sie laut aus!
Wenn mit der einen Karte für dich die Antwort noch nicht klar wird, dann ziehe noch eine Karte zur Verstärkung der Energie!

Hast du die Lernaufgabe verstanden, entsteht Frieden und Entspannung in der Situation.

Übung Nr. 158 **Situationsklärung**

Um eine Situation, in der du dich gerade befindest, zu klären und zu verstehen, sind Tarotkarten ideal.
Stimme dich medial ein. Mische die Karten und ziehe drei Karten mit der Bitte, deine momentane Situation zu klären!
Lege die Karten aufgedeckt hin!
Die erste Karte steht für dich, die zweite für die Situation und die dritte Karte für die Ursache, dass diese Situation entstanden ist.

Lass dich nun durch die Karten inspirieren und die Antworten medial fließen!
Sprich sie laut aus!

Wenn du Frieden und Entspannung in der Situation hast, hast du richtig medial gearbeitet.

Dieses einfache Legesystem hilft dir Situationen zu klären.

Teil IV

Unterstützende Maßnahmen und praktische Tipps zum erfolgreichen medialen Arbeiten

Dieser Teil des Buches soll dir bewusst zu machen, *dass dir das exakte Ausüben der AKHESY®-Technik nur dann zum erfolgreichen medialen Arbeiten verhilft,*

→ ***wenn du dabei auch die äußeren und inneren Umstände beachtest.***

Dieses Kapitel ist demzufolge vordergründig als Unterstützung zum erfolgreichen medialen Arbeiten gedacht.

Gleichzeitig ist es ein Goldschatz in allen Lebenslagen, so dass du diese Übungen auch ganz unabhängig von dem Trainieren der Medialität anwenden kannst.

Die Übungen sind dir behilflich, mit Allem in deinem Leben und Umfeld bewusster umzugehen. Sie helfen dir zu erlernen, dich bewusst zu kleiden, zu ernähren, darauf zu achten mit welchen Menschen du umgehst und genauso, in welchen Räumen du dich aufhältst. Und Vieles, Vieles mehr!

11. Das Umfeld beim Empfangen medialer Botschaften

Das Umfeld in dem du dich gerade befindest wenn du medial arbeitest, spielt natürlich eine große Rolle. Ich habe es aufgeschlüsselt in:

- Räumlichkeiten
- Freie Natur
- Straßen und Städte

Wir wollen uns im Folgenden die Qualitäten der einzelnen Umfelder und ihre Wirkungsweise auf das mediale Arbeiten näher ansehen.

11.1 Räumlichkeiten

Wenn du dich in Räumen befindest und dort medial arbeitest, hast du durch die Abgeschlossenheit des Raumes normalerweise Ruhe und damit eine erhöhte Konzentration. Trotzdem gibt es Räume, die sehr unruhig sind. Auf Störungen aller Art gehe ich im Kapitel 13. „Störfelder" ausführlich ein.

Wir wollen uns nun den Vorteil eines störungsfreien Raumes näher ansehen.

Der große **Vorteil** eines solchen Raumes ist, dass er dich vom restlichen Treiben isoliert und du ungestört ein ganz eigenes Feld aufbauen kannst, was in der freien Natur in dieser Art nicht möglich ist.

Der **Nachteil** ist aber, dass solch ein Raum dein Sein widerspiegelt. Deine eigenen Schwingungen werden vom Raum gespeichert und strahlen auf dich wie ein Spiegel zurück.

Das ist hilfreich, wenn du zentriert und ausgeglichen bist. Bist du jedoch unruhig und konfus, wird dir auch das potenziert widergespiegelt.

Als Einstieg beginnen wir mit einer medialen Übung im Hellfühlen.

Übung Nr. 1 **Energie wahrnehmen**

Folgende Situation: Du hattest Besuch und er ist gegangen. Es war eine wunderschöne Feier und du bist noch von den Gesprächen und der Begegnung ganz erfüllt.

Stimme dich medial ein und spüre die Energie im Raum nach dieser Feier, dem Fest oder dem schönen Erlebnis!

Fühle nach, wie es dir dabei geht!

Übung Nr. 2 **Spannungen wahrnehmen**

Die Energie im Raum platzt vor Spannung, vielleicht gab es einen Streit in der Familie, mit Kollegen oder mit der Freundin.

Stimme dich medial ein und spüre die Energie im Raum nach dem Streit! Was macht sie mit dir? Registriere deine Reaktionen darauf!

Vergleiche dein Wohlergehen in diesem Raum mit dem Aufenthalt in einem anderen Raum!

Übung Nr. 3 **Offene und geschlossene Räume**

Vergleiche mediales Arbeiten in einem geschlossenen Raum mit dem Arbeiten in einem offenen!

Stimme dich dazu medial ein und arbeite medial mit einer Übung deiner Wahl in einem geschlossenen Raum!

Öffne danach alle Fenster und Türen und arbeite wieder medial mit einer Übung derselben Schwierigkeitsstufe!

Registriere deine Befindlichkeit und die Qualität deiner Arbeit im geschlossenen Raum und vergleiche sie mit der Arbeit im offenen Raum! Welche Unterschiede stellst du fest? Wie geht es dir jeweils?

11.2 Die freie Natur

Die Natur ist pures Sein. Das ist ein riesiges Geschenk, und es ist der Grund dafür, dass sich Menschen in der Natur entspannen können, sich sammeln und wieder zu sich finden können. Ein kleiner Spaziergang in der Natur stärkt die Sinne und ist der beste Kurzurlaub.

Warum? Die Natur bewertet nicht. Sie nimmt dich so, wie du bist, und gleicht durch ihre wertfreie Schwingung des Seins deine, in dem Moment vielleicht chaotische, unter Strom stehende Schwingung aus.

Damit transformiert sie dich durch ihre immerwährende Neutralität. Das ist die Ursache dafür, warum es von Vorteil ist, in der Natur medial zu arbeiten. Wenn du ein Stück außer dir bist, nicht in deiner Mitte, was keine gute Voraussetzung zum medialen Arbeiten ist, hilft die Natur dir, dich zu fokussieren und in deine Mitte zu bringen.

Der Nachteil aber ist der, dass in der freien Natur natürlich immer was los ist! Es gibt keinen Stillstand. Mal kriecht ein Käfer über deinen Arm, dann besuchen dich die Ameisen uns später streiten sich zwei Vögel neben dir um die gefundenen Beeren. Du hast immer Leben um dich und die Abgeschiedenheit eines Raumes fehlt.

Ohne Frage ist es Gewohnheitssache. Ich liebe es, in der freien Natur zu arbeiten – es ist mir das Heiligste. Aber es ist auch schwierig in der Konzentration zu bleiben und sich nicht ablenken zu lassen.

Meine Schüler/innen der Ausbildungsgruppen auf Mallorca jammern die ersten Tage manchmal ein wenig, warum ich sie nicht draußen arbeiten lasse, wo doch das Wetter so schön ist. Doch wenn wir am dritten Tag in der Natur sind, geben sie meisten zu, wie einfach es doch drinnen war im Gegensatz zu draußen.

Übung Nr. 4 **Mediales Arbeiten in der freien Natur**

Fahre oder gehe, je nachdem wo du wohnst, hinaus in die freie Natur und suche dir ein idyllisches Plätzchen zum medialen Arbeiten.

Stimme dich dann medial ein und empfange eine mediale Antwort auf eine Frage deiner Wahl!

Vergleiche deine Herangehensweise, Qualität und deine Konzentration bei der medialen Arbeit mit der in geschlossenen Räumen!

In der Natur zu arbeiten hilft dir, selber zu transformieren durch die immerwährende Neutralität der Natur.

11.3 Straßen und Städte

Auf der Straße in Städten zu arbeiten ist nicht Alltag eines Mediums. Aber manchmal im Notfall erfordert es die Situation doch.

Oder das Wetter ist so schön und man trifft sich im Straßencafé auf einen Kaffee …

Was macht die Energiequalität beim Arbeiten in einer Stadt aus?

Natürlich, als erstes die große Unruhe, und dann die unzählig vielen Geschichten, die eine Stadt oder ein Ort eben so schreibt. Es sind unzählige Energien, die in einem Ort durch die Menschen, täglichen

Ereignisse, Träume, Hoffnungen und Taten gespeichert sind und denen ein Stadtmensch täglich ausgesetzt ist.

Das ist auch der Grund, warum Menschen, die Stadtbesuche machen, oft völlig kaputt nach solch einem Aufenthalt sind, weil sie diese Unmengen von Schwingungen alle transformieren müssen.

Lebt man selbst in der Stadt, ist man daran gewöhnt und hat in dieser Art der Transformation eine gewisse Routine. Trotzdem bleibt es anstrengend.

Um medial unter diesen Bedingungen arbeiten zu können, bedarf es höchster Konzentration und das Setzen von energetischen Grenzen. Das ist nicht ganz einfach, denn es geht nicht darum, einfach „dicht zu machen". Das wäre keine Kunst, aber da würdest du ja nichts mehr medial empfangen können. Also gilt es zu erlernen, einen energetischen Schutzwall zu setzen, an dem alle störenden Schwingungen welche nicht benötigt werden, abprallen. Hilfreiche Energien dagegen, für die du offen bist und die von dir erwünscht sind, dürfen hineindringen. Diese energetische Grenze ist wie eine Art Schwingungsfilter.

Ich vermittle meinen Schülern immer:

„Wenn ihr ein gutes Medium werden wollt, dann könnt ihr auch mitten auf dem Markplatz arbeiten!"

Übung Nr. 5 **Mediales Arbeiten im Chaos**

Schreibe dir drei persönliche Fragen auf, die du medial beantwortet haben möchtest.

1. Gehe dann mit dem Schreibzeug und den Fragen in einen Supermarkt, am besten in ein großes Einkaufscenter, wo viel Trubel ist, sich Leute durchquetschen und empfange dort medial die Antworten.
2. Wähle dir eine Hauptverkehrsstraße. Stelle dich am besten an eine Fußgängerampel, die stark frequentiert ist und empfange dort wieder mediale Antworten deiner vorher aufgeschriebenen Fragen.

Vergleiche deine Resultate und deine Qualität beim medialen Arbeiten mit denen in geschlossenen Räumen!

12. Zentrierung – die innere Mitte finden

Sich zu zentrieren ist ein wichtiger Schritt in der AKHESY®-Technik. Nicht umsonst, denn ohne Zentrierung sind wir nicht bei uns und können keine medialen Botschaften empfangen. Ich möchte es durch ein symbolisches Bild verdeutlichen:

Wie wollen wir Gäste empfangen, wenn wir nicht zu Hause sind?
→ Das ist nicht möglich!

Dein Körper ist das Haus und die Gäste sind die medialen Botschaften, der Einfall.

Zentriert sein, heißt also mit deinem Bewusstsein, deiner Wachheit ganz bei dir zu sein, also Herr/in all deiner Sinne, der grob- sowie der feinstofflichen zu sein. Damit tritt Stille in dir ein und du bist in tiefer Meditation.

Somit kannst du deine Sinne aktiv benutzen, wenn du bei dir bist, in deiner Mitte, in deinem Haus, und von dort aus deine symbolischen Gäste, die medialen Botschaften empfangen!

Es gibt unzählige Techniken sich zu zentrieren – durch gezieltes Atmen, Hypnose und Tiefenentspannung, durch Meditation oder auch durch Musik, die einen beruhigt oder einen sogar in Trance bringen kann.

12.1 Meditationen

Meditationen helfen uns, uns zu zentrieren, zur Ruhe zu kommen und vor allem unser Bewusstsein zu erweitern. Voraussetzung dafür ist als erstes, dass wir unseren Geist abstellen können, unsere Gedanken beruhigen.

Es gibt viele Methoden und Arten von Meditationen. Einige wesentliche möchte ich hier aufzählen:

- *Atemmeditationen*
- *Tanzmeditationen*
- *Stilles Sitzen*
- *Bewusstwerdungsmeditationen*
- *Kathartische Meditationen*
- *Lathihan – Meditationen über den Körper*
- *Meditation über die Sprache*

Die meisten Meditationen dienen aber der Vorbereitung – um den Geist ruhig zu stellen. Das ist die Voraussetzung, um in die Stille zu kommen. Das erst ist die eigentliche Meditation. Pures Sein.

Somit helfen dir die Meditationen ideal zur Vorbereitung des erfolgreichen medialen Empfangens. Gerade dann, wenn du das Problem hast, was viele haben: dass dein Kopf dir immer dazwischen funkt.

Wenn du einfach bist, hast du die beste Voraussetzung zum medialen Empfangen. Du willst nichts mehr, bist voller Hingabe und offen für das, was da kommen will.

Übung Nr. 6 **Mediales Arbeiten nach Meditation** M B U

Führe eine Meditation deiner Wahl durch. Sie sollte aber mindestens eine Länge von 45 Minuten haben.

Stimme dich danach medial ein und empfange eine mediale Antwort auf eine Frage deiner Wahl!

V **Vergleiche deine Herangehensweise, Qualität und Konzentration, mit deinen Resultaten medialer Arbeit ohne Meditation!**

12.2 Entspannungsmusik

Seit dem die Menschen musizieren, gibt es die Möglichkeit der Entspannung durch Musik. Denken wir nur an das althergebrachte Wiegen- oder Schlaflied. Musik kann dir also helfen, in einen meditativen Entspannungszustand zu gelangen. Du kannst sie, genau wie Meditationen, als unterstützenden Einstig zum medialen Üben verwenden.

Musik ist ein weites Feld. Von selbst gespielter, gesungener reicht die Palette über den Besuch von Konzerten bis hin zu CD's oder selber zusammengestellter Musik auf dem MP3-Player oder iPod. Heute ist fast alles möglich, und wenn du die entsprechende Technik beherrschst, ist es kein Problem, an deine Traummusik zu gelangen.

Es gibt inzwischen unzählige unterschiedliche CD's mit Entspannungsmusik. Der Bereich Esoterik und Wellness boomt und du hast eine riesige Auswahl zu wählen, was dir gefällt und vor allem, was dich persönlich entspannt. Denn das ist sehr individuell!

Jetzt möchte ich dir passend dazu etwas über Instrumente erzählen:

Jedes Instrument hat eine andere Schwingung, stimuliert und aktiviert ein bestimmtes Chakra. Deshalb können Instrumente den einzelnen Chakren zugeordnet werden.

Das ist der Grund, warum einige Menschen eine bestimmte Musik aufregt, bei der andere genüsslich dahinschmelzen.

Jeder Mensch hat einen anderen Entwicklungsstand, hat unterschiedlich weit geöffnete Chakren und natürlich auch unterschiedliche Blockaden, die durch unterschiedliche Musik mit unterschiedlichen Instrumentierungen herausgekitzelt werden.

Klaviermusik ist dem Herzchakra zugeordnet. Deshalb kann klassische Klaviermusik so entspannend sein. Sie öffnet das Herz. Das ist auch das Geheimnis vieler Liedermacher oder Schlagersänger, die sich selber auf dem Klavier oder Flügel begleiten. Eben Musik, die ins Herz geht.

Im Gegensatz dazu ist Trommelmusik, das Spielen auf Bongos etc., dem Wurzelchakra zugeordnet. Es sind Rhythmen die erden, die Stabilität und Struktur bringen. Gerade darauf, so finde ich, reagieren die Menschen sehr unterschiedlich. Die einen sind fast süchtig danach und die anderen lehnen es als „primitives Gedonner" ab.

Rockmusik wird dem Bauchchakra zugeordnet. Das erklärt, dass Jugendliche sich zu dieser Musik hingezogen fühlen oder die Generation der 68er von Rockmusik geprägt war. Warum? Weil das Bauchchakra Selbstausdruck beinhaltet, Kreativität, Individualität, Durchbrechen von alten Konventionen.

Harfenmusik hingegen aktiviert das Kronenchakra, man spricht ja auch von Engelsmusik. Es ist also ein Hinweis für die Feinstofflichkeit und Sensibilität in dieser Musik. Wer Harfenmusik nicht mag, ist entweder für das Feingeistige, Spirituelle noch nicht offen oder hat beispielsweise ein Erdungsproblem. Es gibt immer mehrere Gründe.

Nun hoffe ich, dich damit ein wenig inspiriert zu haben und dir Mut zu machen, dir deine ganz persönliche Entspannungsmusik zuzulegen und dir von Niemanden erklären zu lassen, was für dich gut ist!

Übung Nr. 7 **Mediales Arbeiten nach Musik**

Höre eine Entspannungsmusik deiner Wahl!
Sie sollte aber mindestens eine Länge von 30 Minuten haben.
Stimme dich danach medial ein und empfange eine mediale Antwort auf eine Frage deiner Wahl!

Vergleiche deine Herangehensweise, Qualität und Konzentration, mit deinen Resultaten medialer Arbeit ohne Entspannungsmusik!

13. Störquellen

Da wir in der Materie leben, in 3D, können wir nicht davon ausgehen, dass wir uns in einer vakuumverpackten Umwelt, frei von Störungen, bewegen können.

Wir haben immer mehrere Möglichkeiten, mit Störungen umzugehen:

1. *Wir regen uns darüber auf und beginnen einen hoffnungslosen Kampf aufzunehmen, an dem wir uns gänzlich aufreiben und viel Energie verschwenden können.*
2. *Wir werden Opfer dieser Störungen und vielleicht sogar krank davon.*
3. *Wir sind ignorant und bilden uns ein, dass es die Störungen gar nicht gibt.*
4. *Wir sind uns der existierenden Störungen bewusst und checken ab, welche davon wir ändern können und mit welchen wir leben müssen.*

Generell können wir die Störungen in zwei Bereiche unterteilen:
- innere Störquellen und
- äußere Störquellen.

Beides wollen wir uns in den folgenden Kapiteln näher anschauen.

An dieser Stelle möchte ich zum Abschluss mein Lieblingsgebet anbringen, denn es trifft das Thema Störungen auf den Punkt:

Gott, gib mir die Kraft, Dinge zu ändern, die ich ändern kann!
Gott, gib mir die Gelassenheit, Dinge ruhen zu lassen, die ich nicht ändern kann!
Und Gott, gib mir die Klarheit, das Eine von dem Anderen zu unterscheiden!

– Reinhard Niebuhr –

13.1 Innere Störquellen

Die *wichtigste innere Störquelle* ist genau genommen nur eine einzige, aber sehr mächtige:

→ ***Unser Ego in verschiedenen Ausdrucksformen.***

Um dies klar zu formulieren, möchte ich diese Ausdrucksformen näher benennen:

- Ärger
- Wut
- Sorgen
- Ängste
- Euphorie
- Depressionen

Hinzu kommen noch Störquellen, die durch körperliche Schwächung entstehen, die aber ebenso durch die Beherrschung des Egos bis zu einem gewissen Maße überwunden werden können:

- Müdigkeit
- Unkonzentriertheit
- Nervosität
- Krankheit
- Stress

Wenn ein Medium diese Störungen auf körperlicher Ebene hat, muss es schon sehr geübt sein, um trotzdem arbeiten zu können. Aber es ist erlernbar.

Das Spannende dabei ist, wenn du dich trotzdem darauf einlässt, bekommst du Energie!

Getreu dem Ausspruch in der Bibel:

Wenn du gibst, wird dir gegeben!

Doch es gilt, dich nicht zu übernehmen. Wichtig ist, dass du weißt, was du dir zutrauen kannst und was du an Technik beherrscht.

Ich hatte vor einigen Jahren eine Veranstaltung, zu der hunderte von Menschen gekommen waren und ich wurde kurzfristig krank. Wir hätten die Veranstaltung absagen können, aber mir taten die Menschen leid, die sich darauf gefreut hatten. Ich hatte Fieber, doch ich entschied mich dafür, medial zu arbeiten. Heute weiß ich nicht mehr, wie ich den Raum betreten habe und wie verlassen, ich war wie in Trance durch das Fieber, aber an die Veranstaltung kann ich mich sehr gut erinnern. Sie war sehr kraftvoll und endete mit tosendem Beifall. Zwei Tage später war ich kerngesund und im Vollbesitz meiner körperlichen Kräfte.

Was ich mit dieser Geschichte sagen will: Es gibt keine wirklichen Störungen. Es hat alles zwei Seiten. Wenn unser Körper auch manchmal streikt, wenn wir verantwortungsvoll mit ihm umgehen (auch ich hatte mich nach der Veranstaltung gleich wieder ins Bett gelegt), eröffnen sich manchmal für uns neue Welten, wenn wir „Ja" zu der Störung sagen, sie demütig integrieren und nicht dagegen ankämpfen.

Auf diese Weise können Störungen manchmal sogar hilfreich sein, um den Kopf auszuschalten und in neue Sphären zu dringen.

Übung Nr. 8 **Müdigkeit**

Wähle eine Situation, in der es schon wirklich sehr spät ist und du normalerweise schon längst im Bett liegen würdest. Wichtig ist, dass du schon „hundemüde" sein solltest.
Arbeite medial – so gut es eben geht.
Spüre deine Widerstände, deinen Unwillen! Bleibe eisern, wenn dein Ego dir einflüstern will, dass du jetzt nur noch ins Bett gehörst! Komme dahin, dass du von der kosmischen Energie getragen wirst!
Merke, wie deine Müdigkeit verfliegt und du auftanken kannst!

Verinnerliche dieses Auftanken und vergleiche es mit anderen Situationen, wo du im Widerstand warst!

Übung Nr. 9 **Sorgen**

Wähle eine Situation im Alltag, in der du dich dabei ertappst, dass du voller Sorgen und Kummer bist.
Natürlich ist dir in dem Moment nach allem, aber nicht nach medialem Arbeiten zumute! Das ist deine Chance!
Arbeite nun ganz konzentriert nach der AKHESY®-Technik medial und du wirst zu deiner Verwunderung spüren, wie sich die Sorgen in dem

Moment auflösen. Dein Ego ist in die Ecke gestellt und dein Seelchen hat wieder Platz zum Atmen bekommen.
Diese Übung bedarf großer Disziplin, aber wenn du sie erfolgreich absolvierst, hast du viel für dein Leben gelernt.
Außerdem kannst du dieses Prinzip auf alle anderen Situationen in deinem Leben übertragen.

Vergleiche dein Verhalten in anderen sorgenvollen Situationen mit dieser hier!

Übung Nr. 10 **Gute Laune**

Nutze zum medialen Arbeiten eine Situation im Alltag, in der du richtig gut drauf bist. So gut, dass du schon euphorisch bist und die ganze Welt umarmen könntest.
Vielleicht bist du frisch verliebt, oder hast gerade deinen Traumurlaub gebucht, oder dein Kind hat seinen Wunschstudienplatz erhalten oder ist noch klein und hat die ersten Worte gesagt oder, oder … eben die vielen kleinen Kleinigkeiten, die uns begeistern!
Spüre, wie du durch die Euphorie nicht wirklich bei dir bist, vielleicht sogar ungewissenhaft die Technik absolvierst, denn Übermut tut eben selten gut! Um das zu spüren, hilft dir diese Übung und ebenfalls, um diese Freude durch die Konzentration auf die Technik nach innen zu bringen und dich in stiller Freude zu fokussieren.
Stimme dich nun also medial ein und versuche eine mediale Botschaft zu einer Frage deiner Wahl zu erhalten!

Vergleiche die Qualität und dein Vermögen zu arbeiten, mit dem im Normalzustand!

13.2 Äußere Störquellen

Äußere Störquellen sind Störungen, die nicht unmittelbar mit uns zu tun haben und jenseits von unserem persönlichen Sein existieren.

Zu ihnen zählen äußere Einflüsse wie:

- Geräusche
- Lärm
- Hitze
- Kälte
- Düfte

In den folgenden drei Kapiteln wollen wir uns diese äußeren Störfelder näher betrachten und mit Übungen zum Bewusstwerden derselben verdeutlichen.

13.2.1 Geräusche und Lärm

Manchmal können wir gegen Geräusche von außen nichts machen. Wir können dem Nachbarn nicht verbieten, seinen Rasen zu mähen und der quietschenden Bahn beim Bremsen können wir auch die Strecke nicht verlegen. Geräusche im Außen sind die echten Ego-Killer.

Vergleiche dazu noch einmal das Kapitel 13.3 „Straßen und Städte“. Aber sei dir bewusst, Lärm ist nur ein Teil von der Hektik usw., die in Großstädten entsteht.

Wenn wir gegen Lärm nichts machen können, hilft es nur, ihn in unser Leben zu integrieren, ihn mit Gelassenheit hinzunehmen. Das ist wieder eine Chance mehr, uns in Demut und Hingabe zu üben. So hat alles etwas Positives, wenn wir es von der richtigen Seite aus betrachten.

Übung Nr. 11 **Störende Geräusche**

Lege dir eine Musik auf, die du gar nicht magst, vielleicht eine nervende Musik deiner Kinder, oder stelle das Radio mit einem Sender ein, der dir missfällt.

Fakt ist, dein Ego soll knurren, wenn es diese Musik bzw. andere störende Geräusche wahrnimmt!

Arbeite nun medial mit einer Frage deiner Wahl!

Vergleiche dein Vermögen medial zu arbeiten, mit dem unter sonstigen Umständen ohne störende Geräusche! Stört es dich oder bist du frei davon, dich beeinflussen zu lassen?

Lärm im Außen ist ein echter Ego-Killer.

13.2.2 Hitze und Kälte

Hitze und Kälte beeinflussen unseren menschlichen Körper extrem. Beides ist für den Körper sehr anstrengend und verbraucht viel Energie.

Hitze lässt unseren Körper sich weiten, es ist die Yang-Energie – die männliche nach außen gerichtete. Damit verliert der Körper Energie.

Deshalb strengt Sonnenbaden auch so an und wir sind danach oft sehr müde oder schlafen einfach in der Sonne ein.

Das macht mediales Arbeiten sehr schwer. Deshalb empfiehlt es sich, immer, wenn wir in der freien Natur medial arbeiten, uns vor der Sonneneinstrahlung mit Sonnenbrille und Sonnenhut zu schützen. Das ist total wichtig und darauf lege ich auch in der Ausbildung sehr viel Wert.

Das Kronenchakra sollte auf keinen Fall beim medialen Arbeiten der Sonneneinstrahlung ungeschützt ausgesetzt sein.

Hüte dich davor, ohne Sonnenbrille und Kopfbedeckung medial zu arbeiten. Außerdem kann auch dein Aussehen wieder ein Egokiller sein und ist tausendmal besser als Kopfschmerzen.

Kälte macht unseren Körper steif. Im Extremfall werden alle Funktionen auf das Minimum heruntergefahren, damit unsere lebenswichtigen Organe mit genügend Wärme versorgt werden, um keinen Schaden zu bekommen.

Die Energie ist zusammenziehend, ist Yin, also weiblich.

Vielleicht kennst du das? Kälte macht den Kopf klar, Hitze vernebelt ihn. Das hat mit der Funktion der Kälte zu tun, dem Zusammenziehen. Kühle Räume, natürlich nicht kalte, sind ideal zum medialen Arbeiten. Sie sollten auf keinen Fall überheizt sein!

13.2.3 Düfte und Gestank

Düfte können uns stimulieren aber auch „vernichten". Sie können uns betören aber auch zum Wahnsinn treiben. Es liegt nahe beieinander. Jeden Duft, der zu viel des Guten ist, nehmen wir als Gestank war.

Natürlich gibt es auch realen Gestank, wenn wir an dem Müllhaufen vorbeigehen, auf dem Fischmarkt oder im Schweinestall sind. Doch auch da ist es eine Bewertung unseres Kopfes, und eine schöne Möglichkeit, Gerüche als Ego-Killer zu nutzen. Was stinkt denn nun wirklich und was riecht gut?

Ich liebe den Geruch von Silage, er erinnert mich immer an meine Kindheit, an den Kuhstall. Andere Menschen registrieren diesen Geruch als Gestank.

Auch da können wir uns in Demut üben und Gerüche, die wir nun mal nicht ändern können, einfach so annehmen lernen. Oder sollte der Müllmann oder der Bauer im Schweinestall nun den ganzen Tag jammern, wie es stinkt? Meine Beobachtung dazu ist, dass gerade diese Menschen viel demütiger sind als andere. Wie sollten sie sonst auch anders damit umgehen können?

Wenn du persönlich mit Gerüchen ein Problem haben solltest und dich zierst, wenn es mal stinkt und nicht nach deinen Vorstellungen duftet, denke an diese Menschen und nimm sie dir zum Vorbild!

Bei allen Störfeldern, die du nicht ändern kannst, gilt:
→ Hingabe, Demut und Einlassen!

Und schon strömen dir im Schweinestall „himmlische" Gerüche entgegen …

Nun zu Düften: Die Aromatherapie basiert auf dem Ansatz, durch bestimmte ätherische Öle von Pflanzen, die einen Duft aussenden, unser Immunsystem anzuregen und somit Drüsen und Enzyme zu aktivieren, um in einen veränderten Zustand zu gelangen, der sich positiv auf unseren Körper, unseren Geist und unsere Seele auswirken kann. So erfahren wir Heilung, Entspannung und Wohlergehen.

Ätherische Öle unterstützend zum medialen Arbeiten auszuwählen, kann sich sehr förderlich auf den Erfolg deiner medialen Resultate auswirken.

Aber Vorsicht! Das Wahrnehmen von Gerüchen ist sehr individuell!

Auch bestimmte Blumen, deren Duft einen ganzen Raum ausfüllen, können, ganz individuell je nach Person, inspirierend oder auch störend beim medialen Arbeiten sein.

Dazu eine kleine lustige Geschichte: Meine Schwiegermutter hatte einst ein großes blühendes Orangenbäumchen in ihrem Wintergarten. Einige Personen kamen in den Raum mit der Bemerkung, wie es doch hier schön duften würde und andere äußerten sich ganz abfällig, dass es hier ja vor Gestank nicht auszuhalten ist.

Sind wir Menschen nicht alle wundervolle Individualisten?

Auch Räucherstäbchen – aber keine synthetischen! – wirken durch ihre natürlichen Aromastoffe. Sie dienen der Reinigung und erhöhen gleichzeitig durch ihren Duft die Schwingung im Raum und im Körper.

So angenehm ein Duft auch für den einen Menschen sein kann, für einen anderen kann er unangenehm sein, anstrengend. So kenne ich viele, die beispielsweise den Duft der japanischen Räucherstäbchen nicht mögen.

Warum? Dieser Duft verbreitet eine besonders hohe Schwingung, die das Kronenchakra öffnet. Meistens haben Leute damit ein Problem, denen die Erdung fehlt und denen es damit dann regelrecht den Boden unter den Füßen wegreißen würde.

Im Gegensatz dazu sind tibetische Räucherstäbchen sehr stark erdend, ihre Schwingung ist nicht so hoch, sie aktivieren das Wurzelchakra, aber sie werden von einigen Menschen als stinkend empfunden! Wenn du beim medialen Arbeiten ein Erdungsproblem hast, besorge dir diese tibetischen Räucherstäbchen, wenn du diesen Geruch magst!

Probiere für dich ganz individuell aus, welche Sorte Duft dir zusagt und dich positiv beim medialen Arbeiten stimuliert!

Es ist ähnlich wie mit der Musik. Es gibt nicht den Duft für einen bestimmten Zustand. Es gibt immer den individuellen Duft für eine bestimmte Person, wie beim Parfüm.

Je nach Entwicklungsstand, Temperament, Lebensaufgaben und Lernthemen, ist für jeden Menschen ein anderer Geruch förderlich und wird ganz subjektiv als angenehm oder unangenehm empfunden!

13.3 Feinstoffliche Störungen

Was sind feinstoffliche Störungen? Es sind Störungen, die wir nicht auf Anhieb erkennen können, vielleicht nie entdecken werden, wenn uns niemand darauf hinweist. Wir merken nur, dass es uns nicht gut geht und wir uns schwach fühlen, Kopfschmerzen bekommen oder gar krank werden. Diese Symptome können durch feinstoffliche Schwingungen ausgelöst werden.

Feinstoffliche Störungen sind Schwingungen, die sich nicht mit unseren körpereigenen Schwingungen vertragen, die störende Interferenzen bilden und uns schwächen oder gar schädigen.

Ich betone das so explizit, weil es auch da wieder keine generelle Be- oder Verurteilung gibt, dass bestimmte Schwingungen generell schlecht oder schädlich sind. Es hängt wieder vom Entwicklungsstand des jeweiligen Menschen ab und sollte auch so betrachtet werden. Also bitte nicht gleich in Panik geraten!

Was könnten nun solche Schwingungen sein?

- Elektrosmog
- Handystrahlung

- Wasseradern
- Heizkörperstrahlungen
- Schwingung bestimmter Mineralien
- Radioaktivität
- Spuk, Aktivitäten von Verstorbenen

Es gibt dazu viele Bücher, gute und auch Angst machende, und genau so viele Rutengänger oder Personen, welche sich zum Entstören von Feldern anbieten. Mache dich kundig und fühle hinein in dich, was wirklich für dich nötig ist und was nicht!

Es mag sein, dass deine Symptome wirklich verschwinden, wenn das Feld geklärt ist und dass du dich schlagartig wieder bester Gesundheit erfreust.

Es kann aber auch sein, dass du dich nach so einer Reinigung genauso gut oder schlecht fühlst wie vorher, weil du dagegen immun bist und dir diese Schwingungen nichts ausmachen.

Interessant ist abschließend noch zu bemerken, dass sich – und das ist sogar statistisch bewiesen – kranke Menschen oft solche Störfelder suchen – natürlich nicht bewusst, sondern instinktiv. Sie sind meistens also nicht von der jeweiligen Wohnung oder dem Störfeld krank geworden, sondern haben sich instinktiv ein Feld mit feinstofflichen Störungen gesucht, weil dieses zu ihren Gedankenmustern passt.

Damit wirkt also wieder das Gesetz der Resonanz, Gleiches zieht Gleiches an!

14. Beeinflussung von anderen Personen

Dieses Thema habe ich mir bewusst separat vorgenommen, obwohl kluge Stimmen sagen könnten, dass Beeinflussungen von Personen ja auch eine Art Störquelle ist. Richtig!

Aber da Personen Lebewesen sind und sehr komplex, widme ich ihnen mehr Aufmerksamkeit in einem extra Kapitel.

Wir begeben uns hier auf ein Feld, welches sehr differenziert ist. Es stellt für sensible Menschen meistens ein Problem dar und für andere, eher nicht so empfindliche, keines:

Die unerlöste Form des Mitgefühls.

Empathie und Mitgefühl ist etwas, was ohne Frage das Werkzeug und die Vorraussetzung eines jeden Menschen der mit anderen Menschen arbeitet, sein sollte.

Für alle Menschen im Bereich des Medizinischen, Therapeutischen, Pädagogischen und Sozialen, ist das eine unabdingbare Voraussetzung, um gut arbeiten zu können. Aber wenn es uns dabei nicht gelingt, uns ordentlich abzugrenzen, können uns diese permanenten subtilen Botschaften so belasten, dass wir das Gefühl haben, davon aufgefressen zu werden. Ich selbst hatte auch Schwierigkeiten damit, mich von all den Schwingungen abzugrenzen und musste es erst erlernen.

Diese feinstofflichen nonverbalen Schwingungen, die von Menschen ausgehen und uns stören können, möchte ich in zwei Bereiche untergliedern:

Schwingung aus der Opferhaltung und
Schwingung aus der Täterhaltung.

Hinweis:
Wer sich näher über die Opfer- und Täterhaltung informieren möchte, dem empfehle ich in meinem ersten Buch „Medialität & Hellsichtigkeit –

das Lehrbuch“ das Kapitel 23.2.3 „Die Bedeutung und Wirkungsweise des Egos“, in dem ich auf die Abläufe und das Entstehen von Opfer und Täter sehr genau eingehe und die Vorgänge erläutere.

Diese störenden Schwingungen – von Seiten der Opfer- oder der Täterhaltung der störenden Person heraus betrachtet – können unterschiedliche Ursachen haben, von denen ich hier die Wesentlichsten aufzählen möchte:

Störende Ausstrahlung aus der Opferhaltung

- Zweifel
- Sorgen
- Negatives Denken
- Ängste
- Unsicherheit
- Ohnmacht

Störende Ausstrahlung aus der Täterhaltung

- Verurteilen
- Destruktives Denken
- Arroganz
- Überheblichkeit
- Besserwisserei
- Subtiler Machtmissbrauch

An dieser Stelle möchte ich noch ein leidliches Thema der meisten mitfühlenden Eltern ansprechen:

Sich aus Liebe um das Wohlergehen der Kinder zu sorgen!

Das ist, so könnten wir sagen, doch eine tugendhafte Eigenschaft, denn sie entspringt der Liebe zu den Kindern und resultiert aus dem Wunsch, den Kindern alles Gute der Welt zu wünschen.

Aus der Liebe heraus, und das kennen wir alle, wünschen wir unseren Lieben nur das Beste und leiden mit, wenn es ihnen nicht gut geht.

Das ist lieb gemeint, aber Achtung Falle! Denn die Frequenz „Sorgen“ ist eine der größten Störfrequenzen überhaupt. Nicht umsonst ist das Thema Sorgen in einer der fünf Reiki-Lebensregeln aufgegriffen worden:

„Gerade heute sorge dich nicht!“

Dabei besteht die Lösung nun nicht darin, in Ignoranz oder Desinteresse zu gehen und das Wohlergehen anderer Menschen auszublenden, sondern in Respekt und Anerkennung der Individualität und des unterschiedlichen Lebensweges zu gehen. Auf diese Weise erlösen wir unser Mitgefühl.

Um sauber und störungsfrei medial arbeiten zu können, ist es also trotz aller Sensibilität und Offenheit total wichtig, uns von all diesen aufgezählten Störungen abgrenzen zu können. Mit anderen Worten: Es ist notwendig zu lernen, unser Mitgefühl und unsere Hellfühligkeit in die Erlösung zu bringen, damit sie uns dient und nicht im Leben im Wege steht und uns und andere belastet!

15. Ernährung

Die richtige Ernährung ist eine sehr beeinflussende Komponente beim medialen Arbeiten.

Generell erdet Essen. Es unterstützt dich also, im Körper zu bleiben und von da aus sauber zu empfangen und nicht in die Aura der anderen zu gehen. Allerdings muss ich dich bitter enttäuschen, wenn du jetzt eine konkrete Auflistung erwartest, was für dich in Bezug auf Essen gut ist und was weniger. Denn das hängt von deinem Bewusstseinsstand und deinem momentanen Zustand ab!

Für den einen Menschen ist Fleisch sehr wichtig, sogar lebensnotwendig und der andere hat das Gefühl, er vergiftet sich damit.

Ein ganz persönlicher Tipp: Von der „Lehre der vier Blutgruppen" halte ich sehr viel. Vielleicht besorgst du dir so ein Buch, es ist im Literaturverzeichnis aufgeführt Es gibt aber unendlich viele Ernährungstheorien. Ich selbst habe etliche davon ausprobiert, war begeistert, auch enttäuscht, und bin schließlich zu dem Punkt gekommen, instinktiv auf meinen Körper zu hören, was er gerade möchte. Manchmal will er auch einfach gar nichts und Ruhe, dann faste ich mit Freude, auch über einen längeren Zeitraum hinweg.

Durch unsere Zivilisation leben wir in einem gewissen Wohlstand, der uns, was die Ernährung betrifft, gar nicht so gut tut. Früher gab es den Sonntagsbraten als etwas Besonderes, auf das man sich die ganze Woche gefreut hatte und wochentags wurde fleischlose Kost gegessen. Wir würden heute dazu sagen: vegetarische Kost.

Der morgendliche Hafer- oder Hirsebrei hat Kraft gegeben und ist heute fast vergessen. Die Menschen damals waren gesünder und hatten nachweislich weniger Krankheiten, die von falscher oder zu üppiger Ernährung kamen, wie heute.

So möchte ich auch Ernährung beim medialen Arbeiten als eine gesunde ausgewogene Form sehen, die deinen Körper unterstützt, je nach Anforderungen, was du von ihm gerade verlangst. Manchmal benötigt er Fleisch und ein anderes Mal nur frisches Obst oder auch einmal gar nichts.

Und zuletzt gibt es natürlich auch Nahrung für die Seele! Klar sind Marshmallows nicht nahrhaft, Haribos oder Brüsseler Pralinen auch nicht, aber in Maßen tut auch das oder andere Leckereien einmal gut.

Das Entscheidende also ist, nicht dogmatisch zu sein!

Höre auf deinen Körper (wohlgemerkt auf deinen Körper und nicht auf dein Ego!) und erkenne, was du gerade brauchst, auch wenn der Verstand vielleicht gelesen hat, dass da viele „E's" drin sind und es ganz ungesund ist. Manchmal helfen uns gerade diese ganz „ungesunden" Stoffe, uns im Körper bzw. auf der Erde zu halten.

Bevor ich ins Detail gehe und im nachfolgenden Kapitel unterschiedliche Formen von Ernährung aufliste, möchte ich dir eine kleine Geschichte von einer meiner Lehrerinnen erzählen:

Bei ihr stand auf dem Beratungstisch immer ein Glas und eine große Flasche Cola. Sie war leidenschaftliche Colatrinkerin. Eine Schülerin fragte sie daraufhin, wieso sie denn „als so spirituelle und weise Frau" Cola trinke, das geht doch nicht zusammen?

Sie lachte und antwortete: „Ein bisschen Gift braucht der Mensch schon, um sich auf der Erde in der Materie zu halten und nicht abzuheben."

15.1 Vegetarische Kost

Vegetarische Kost generell macht den Körper leichter, klärt ihn und birgt weniger das Risiko, den Geist zu belasten. Damit ist dein innerer Kanal zum Empfangen offener als mit Fleischkost.

Allerdings ist mittlerweile nicht mehr sicher, wenn wir uns nur von Obst und Gemüse ernähren, ob wir damit mehr oder tatsächlich weniger Giftstoffe zu uns nehmen.

Herbizide, Insektizide und Nährlösungen, die zum besseren Wachstum der Pflanzen gesprüht werden, machen unter Umständen unser Obst und Gemüse ungenießbar. Der Schein trügt also oft. Aber nichts geht über das eigene Gemüsebeet oder die Äpfel oder Pflaumen aus Omas Garten!

Ich möchte unbedingt davon abraten, vegetarische Kost als die bessere Ernährung zu sehen und mit Gewalt seinen Körper auf vegetarische Ernährung umzustellen. Das bringt nichts und ist qualvoll!

Mit steigendem Bewusstsein verändert sich die Ernährungsweise von alleine, dann stimmt es und der Geist geht mit dem Körper und der Seele synchron.

Ich selbst habe ein Prinzip, nach welchem ich das Essen in lebendige und tote Nahrung, also Lebensmittel und Nahrungsmittel einteile und bin bestrebt, so viel Lebendiges wie möglich zu essen, weil es natürlich das meiste Chi enthält und damit ein wirklicher Energiespender ist. Das heißt, sehr viel Gemüse, Salate und Obst aller Art zu mir zu nehmen. Das macht den Körper leicht. Um aber auch gut geerdet zu sein, unterstütze ich es mit den Sorten Gemüse und Obst, welche gut erden.

Das sind:

- Karotten
- Rettiche
- Rote Beete
- Rüben
- Kartoffeln
- Rote Beerenfrüchte aller Art

Ich liebe diese Dinge und merke, wie mein Körper sie dankend verwertet.

Kohlenhydrate nehme ich wenige zu mir, die Kartoffel zähle ich auch eher zum Gemüse als zu den Kohlenhydraten, wie die Inder in ihrer Küche.

Brot ist durch einen erheblichen Verarbeitungsprozess gegangen. Um lebendige Kohlenhydrate zu dir zu nehmen, wähle lieber als Alternative

- Hirsebrei
- Haferflocken
- Amarant (Inkahirse)
- Kichererbsen

und nimm Brot nur zu dir, wenn es nicht anders geht. Es ist ja ohne Frage sehr praktisch, die „Stulle für unterwegs …“.

Wenn du ein Erdungsproblem hast, solltest du nicht unbedingt Fleisch meiden, denn es erdet. Das ist auch mit dem aufgeführten Gemüse nicht aufzuheben.

Übung Nr. 12 **Körpergefühl**

Falls du nicht sowie so schon Vegetarier bist, lass dich auf folgendes Experiment ein:
Schaffst du es, dich eine Woche nur vegetarisch zu ernähren? Versuche es!

Spüre dein verändertes Körpergefühl! Vergleiche es mit dem sonst!

Übung Nr. 13 **Vegetarische Ernährung**

Wenn du dich jetzt über längere Zeit bewusst vegetarisch ernährt hast, vielleicht die besagte Woche von *Übung Nr. 12,* und sonst dies eigentlich nicht tust, gehe nun in den Vergleich beim medialen Arbeiten. Stimme dich medial ein und arbeite medial mit Übungen deiner Wahl!

Nimm die neue Offenheit bei medialen Arbeiten wahr!
Vergleiche zu früher: Fällt es dir generell leichter oder schwerer?
Fehlt dir jetzt vielleicht die Erdung?

15.2 Fleischkost

Fleisch erdet. Die Indianer sagen, dass du genau das im Moment bist, was du gerade isst. Wenn du also Schweinefleisch isst, hast du die Energie vom Schwein in dir und bist in dem Moment das Schwein. Da ist was dran.

Damit wird dein tierisch-animalischer Teil in dir, der Teil unterhalb deines Herzens sowie dein Wurzel- und Sakralchakra, gestärkt und du reagierst anders, als wenn du dich von Pfirsichen ernähren würdest.

„Als Schwein" beispielsweise bist du richtig gut im Körper und suchst nach Fressen, gut geerdet also.

Kämpfe nicht dagegen an, Fleisch zu essen, nur weil du gehört hast, dass Fleischkost ungesund ist und du dich doch spirituell entwickeln willst. Das ist zwanghaft.

Biofleisch hat eine gute Qualität, ist ohne giftige Zusatzstoffe. Gönne es dir. Es hilft, beim medialen Empfangen im Körper zu bleiben und nicht aus dem Kronenchakra herausgezogen zu werden. Somit hat auch die Fleischkost, wie die Medaille, zwei Seiten.

Hier möchte ich dir eine kleine Auflistung der energetischen Wirkung von Fleisch geben:

1. Es verstopft ein wenig die Energiekanäle und macht dich schwer und dichter – verdichtet dich.
2. Es aktiviert den tierisch-animalischen Teil in dir und verstärkt damit dein instinktives Verhalten.
3. Es erdet dich damit, weil du nicht so leicht aus deinem Körper gehen kannst, da du energetisch gesehen schwerer bist.
4. Damit gibt es dir Sicherheit, wenn du mit unbekannten Energien in Kontakt kommst, die dir Angst machen und dich normalerweise verunsichern.
5. Es macht dich souverän und stabil.
6. Es macht dich konfrontationsfähiger.

Schau, was du für ein Typ bist und ob du Fleisch brauchst oder nicht!

Übung Nr. 14 **Fleischkost und Körperlichkeit**

Gönne dir nun ein Experiment ganz anderer Art. Falls du Vegetarier bist oder ansonsten nur einmal in der Woche oder im Monat Fleisch isst, iss nun bewusst für eine Woche täglich Fleisch. Nicht viel! Aber kontinuierlich! Trau dich! Wenn du in Demut bist, kann dein Körper das integrieren. Nur wenn du im Widerstand bist, weil du Fleischkost abwertest, dann bekommt es dir nicht!

Gurdieff, ein erleuchteter Meister des letzten Jahrhunderts, ließ seine Schüler ganz bewusst Fleisch essen, wenn sie stur und steif behaupteten, dass sie Vegetarier sind. Es ist wie mit den Nichtrauchern. Alles, was militant und dogmatisch ist, stimmt nicht. Nichtraucher, die alle Raucher schlecht machen, scheinen ein Problem zu haben, genau so diese Sorte von Vegetariern. Also schau, zu welcher Sorte du gehörst – eine wundervolle Übung zum Bewusstwerden, als Ego-Killer und zum Erlernen von Demut und Hingabe.

Nimm dein verändertes Körpergefühl wahr! Vergleiche es mit sonst! Bekommst du mehr Erdung? Stehst du viel mehr im Leben? Oder hat sich nichts verändert? Dann kannst du auch darauf verzichten, denn dann hast du diese Kraft integriert.

Übung Nr. 15 **Fleischkost und Medialität**

Nach dem Experiment von Übung Nr. 13 stimme dich nun medial ein und empfange eine Übung deiner Wahl.

Nimm wahr, wie dir das mediale Arbeiten gelingt und fühle die Unterschiede zu sonst!

15.3 Fasten

Wer schon einmal über längere Zeit gefastet hat, weiß, wie leicht man sich dabei fühlt. Unter Fasten verstehe ich wirklich das Weglassen von fester Nahrung, nur die Zuführung von Flüssigkeit, da es manchmal Missverständnisse in der Begrifflichkeit gibt und manche Menschen unter fleischloser Kost schon Fasten verstehen.

Wenn wir bewusst sind, können wir unsere Ernährung auf Licht umstellen. Licht ist auch in allen Speisen, die wir verzehren und nährt uns hauptsächlich.

Fasten ist eine fast ekstatische Erfahrung. Allerdings können sich Probleme beim Erden ergeben. Früher war ich selber nur eine halbe Portion und hütete mich davor zu fasten, da ich mir durch die mediale Arbeit über das Essen eine gute Erdung geholt hatte.

Es ist heute noch auffällig: Arbeite ich viel, esse ich ganz gut; habe ich frei, mache ich Urlaub oder beschäftige ich mich anders, muss ich fast nichts essen. Es ist dann nur der Genuss und die Freude am Sinnlichen, aber keine Notwendigkeit.

Übung Nr. 16 **Fasten und Körper**

Faste einige Tage, solange es dir gefällt und es deinem Körper gut tut, auf keinen Fall länger.

Stimme dich dann medial ein und arbeite medial mit einer Übung deiner Wahl!

Nimm wahr, wie dir das mediale Arbeiten gelingt und fühle die Unterschiede zu sonst!

Hinweis:

Fasten ist eine wunderbare Art, sich zu reinigen, aber wenn du zu lange fastest, kann es zu Vergiftungserscheinungen kommen, weil dein Körper die Ablagerungen freisetzt. Deshalb: Sobald es dir schlecht geht, du Kopfschmerzen bekommst oder ähnliches, beginne wieder mit leichter Kost.

16. Bekleidung

Bekleidung spielt eine große Rolle in unserem Leben, die wir nicht unterschätzen sollten. Es ist unsere so genannte zweite Haut, unsere direkte Hülle, die uns umgibt. Mit ihr können wir uns wärmen und schützen.

Ein alter herkömmlicher Begriff ist das Gewand. Darin ist das Wort Wand enthalten, welches auf Schutz und Abstand hinweist.

Außer der Funktion des Wärmens und Schützens hat Bekleidung noch viel mehr Funktionen:

- Wärmeregulierung
- Kälteschutz
- Energetischer Schutz
- Abwehr
- Stärkung
- Schwächung
- Erdung
- Sensibilisierung der Wahrnehmung
- Statusbezeugung

Somit hilft uns auch die Kleidung, unsere Fähigkeiten der Medialität zu unterstützen.

Des Weiteren können wir Kleidung unter drei wichtigen Aspekten aufgliedern, auf die ich im Nachfolgenden näher eingehen möchte:

- Materialien der Kleidung
- Farben der Kleidung
- Schnittform

Bekleidung kann demzufolge konstruktiv aber auch destruktiv auf uns wirken, je nach Material, Farbe und Schnittform.

16.1 Farben

Farben haben einen großen Einfluss auf das Wohlbefinden von Lebewesen, so auch auf uns Menschen. Nicht umsonst gilt die Farbtherapie als eine mittlerweile etablierte, alternative Therapieform, die auch von der Schulmedizin anerkannt wird.

Grundlegend können wir unterscheiden in:

- helle Farben und
- dunkle Farben.

Helle Farben lassen die Energien durch und machen uns damit beim medialen Arbeiten durchlässig.

Dunkle Farben verdichten die Energie und sorgen dafür, dass die jeweilige Energie bei uns bleibt.

Das ist der Grund, warum Ärzte und Laborangestellte, überall wo es Erreger und Keime gibt, weiße Kittel tragen. Wir können uns keinen Arzt in Schwarz vorstellen. Es wäre auch nicht stimmig, denn er würde alle Krankheit auf sich ziehen und sie verdichtet energetisch behalten. Damit wäre die Gefahr der Ansteckung sehr hoch.

Im Gegensatz dazu spricht man aber davon, dass für Therapeuten Schwarz eine sehr günstige Farbe ist, weil sie den seelischen Prozess des Klienten besser konzentriert und verdichtet und dieser damit für den Therapeuten leichter erkennbar wird. Genau aus dem Grund wird im Feng Shui Schwarz als Schreibtischfarbe bevorzugt empfohlen, damit konzentriertes Arbeiten garantiert ist.

So kommt es also darauf an, was du mit der Farbe beim medialen Arbeiten bezwecken möchtest. Bist du gut geerdet und möchtest dich in höhere Sphären begeben, dann kleide dich ganz hell. Brauchst du Erdung, weil du dich nicht gut im Körper halten kannst oder dich der Inhalt der Durchgabe sonst umhaut, dann ziehe dich dunkel an.

Jetzt möchte ich dir eine tabellarische Auflistung von Farben geben, die dir hilft, die Farben in der Kleidung nach den Wirkungsweisen in Bezug auf Medialität anwenden zu können. Gleichzeitig gibt es den Querverweis, welches Chakra damit angeregt wird.

Die Farben werden von oben nach unten immer dunkler.

Farbe	Chakra	Wirkungsweise
Weiß	7. Kronen	öffnet, durchlässig
Beige	neutral	neutral, nur weicher als grau
Hellgrau	neutral	keine, neutral
Gelb	3. Nabel	belebt, gibt nach Außen ab
Sonnengelb	2./3. Sakral/Nabel	belebt, kräftigt, regt die Phantasie an, zu vermeiden wenn Botschaften noch nicht sauber empfangen werden
Orange	2. Sakral	belebt, aktiviert, ideal für alle die sich noch nicht trauen medial zu arbeiten
Zitronen-gelb	3. Solarplexus	belebt sanft
Grün	4. Herz	heilt verletztes Herz, hilft inhaltlich sehr bewegende Durchsagen zu verdauen
Blaugrün	4./5. Thymus	kühlt, hält sanft zurück
Blau	5. Hals	kühlt, unterstützt die Emotionalität beim medialen Arbeiten herauszunehmen
Türkis	5. Hals	heilt, Mut zum Reden
Marineblau	5./6. Hals/Stirn	transformiert, klärt sachlich, hilft wenn Zentrierung und Neutralität beim medialen Arbeiten schwer fällt
Indigo	6. Stirn	transformiert, klärt sachlich
Violett	7. Kronen	transformiert, hilft bei inhaltlich schwer zu verarbeitenden Durchsagen
Aubergine	2. Sakral	erdet, verdichtet, transformiert durch Haltgeben
Rosa	4. Herz	heilt kindliches Herz, ideal wenn es inhaltlich um Traumatisches/Therapeutisches geht
Rot	1. Wurzel	erdet, spendet Kraft, hilft bei sich zu bleiben
Dunkelgrau	1./2. Wurzel/Sakral	verdichtet
Braun	1./2. Wurzel/Sakral	erdet, verdichtet, verstärkt Liebe zu Mutter Erde
Schwarz	1. Wurzel	verdichtet, hält Energie zusammen, ideal bei fehlender Konzentration

Wenn dich dieses Thema mehr interessiert: Es gibt sehr gute Bücher über Farben, ihre ausführliche Bedeutung und vor allem ihre Heilwirkung. Im Anhang im Literaturverzeichnis habe ich einige davon aufgelistet.

Übung Nr. 17 **Schwarze Kleidung**

a) Ziehe dich vollständig dunkel, am besten schwarz an!
Bleibe so mindesten sechs Stunden, um es wirken zu lassen, besser noch den ganzen Tag!
b) Empfange eine mediale Botschaft in dieser Kleidung!

a) Vergleiche dein Empfinden mit dem sonstigen in anderer farbiger Kleidung!
b) Vergleiche, wie leicht oder schwer dir mediales Arbeiten in Schwarz fällt!

Kleide dich vollständig schwarz ein und nimm die Qualität beim medialen Arbeiten wahr!

Übung Nr. 18 **Weiße Kleidung**

a) Kleide dich vollständig weiß! Bleibe so mindestens vier Stunden, um es wirken zu lassen, am besten den ganzen Tag!

b) Empfange eine mediale Botschaft in dieser Kleidung!

a) Vergleiche dein Empfinden mit dem sonstigen in anderer farbiger Kleidung!

b) Prüfe, wie leicht oder schwer dir mediales Arbeiten in Weiß fällt!

Vergleiche dann anschließend die Resultate von dieser und von Übung Nr. 17

16.2 Materialien

Grundsätzlich können wir die Materialien unserer Kleidung in zwei Gruppen untergliedern:

a) natürliche Faserstoffe und

b) Kunstfaserstoffe.

zu a) Die natürlichen Faserstoffe können wir noch einmal unterscheiden in Materialien aus Pflanzen, wie:

- Baumwolle
- Hanf
- Leinen
- Viskose

und Materialien von Tieren, wie:

- Wolle
- Seide
- Leder

Baumwolle und Hanf sind davon die neutralsten Materialien.

Materialien tierischer Herkunft implizieren immer, dass wir uns mit den Aspekten dieser Tiere beim Tragen verbinden – ähnlich wie bei fleischlicher Kost.

zu b) Die Kunstfasern möchte ich nicht alle aufzählen – von der Mikrofaser bis zum fast schon klassischen Polyester über die Kunstseide und das Lederimitat. Kunstfasern sind also alles, was synthetisch hergestellt wird und nicht natürlichen Ursprungs ist.

Übung Nr. 19 **Seidenkleidung**

Kleide dich in helle oder farbige Seide!

Wenn du keine Seidenkleidung besitzt, dann borge dir etwas, diese Erfahrung lohnt sich auf jeden Fall!

Trage diese Kleidung mindestens vier Stunden, am besten den ganzen Tag!

Vergleiche dein Empfinden mit dem sonstigen in anderen Materialien!

Übung Nr. 20 **Tierische Kleidung**

Kleide dich in Materialien tierischer Herkunft, also in Lederhose, Schafwollpullover, Wollsocken!

Wenn du solche Kleidung nicht besitzen solltest, dann borge dir Sachen zum Ausprobieren, es lohnt sich!

Trage diese Kleidung mindestens vier Stunden, am besten den ganzen Tag!

Vergleiche dein Empfinden mit dem sonstigen in anderen Materialien!

Übung Nr. 21 **Kleidungswechsel**

Diese Übung ist eine Übung, die jeder Mensch machen sollte, denn sie verdeutlicht auf einfachste Weise das Wirken von Energie über die Kleidung.

Diese Übung funktioniert auch schon gut, ohne medial zu arbeiten. Das ist eine Steigerung! Nur das Spüren der Energien beim Umziehen ist sehr wirkungsvoll.

Jetzt die Übung:

Wenn du ein trauriges oder dich belastendes Erlebnis hattest, lasse diese Sachen an und nimm wahr, wie es dir geht.
Versuche dann medial zu arbeiten mit einer Übung deiner Wahl!
Danach kleide dich um, ziehe dir neue, frisch gewaschene Sachen an und nimm wahr, wie es dir geht!
Arbeite danach wieder medial!

Vergleiche die medialen Resultate und die jeweilige Wirkung auf dich durch die unterschiedliche Kleidung!

Wenn du dich mit tierischen Materialien bekleidest, nimmst du die Schwingungen dieser Tiere an – ein tierisches Vergnügen!

Übung Nr. 22 **Energie loslassen**

Streife mit dem Zu-Bett-Gehen deine Kleidung ab wie eine alte Haut und sage dazu auch laut:
„Ich lasse die alte Energie los. Es ist vorbei!"
Wenn du abends unter die Dusche gehst, kannst du dasselbe beim Duschen sagen und spüren, wie die alte Energie abfließt.

Spüre den Unterschied! Vergleiche beide Zustände!

Übung Nr. 23 **Energie nutzen**

Du hast einen schönen Tag hinter dir, hattest inspirierende Erlebnisse, bist freundlichen, herzlichen Menschen begegnet und rundum zufrieden!
Nutze die Energie, welche in deiner Kleidung gespeichert ist. Behalte die Sachen noch einen Tag länger an und werde dir bewusst, wie sie dich unterstützen!

Vergleiche das Gefühl, in neue, frisch gewaschene Kleidung zu schlüpfen mit dem in schon von dir getragener Kleidung!

17. Körperreinigung

Gerade wenn Du mit Energien arbeitest, spielt die Reinigung deines Körpers eine besondere Rolle.

Dabei gilt es zu unterscheiden in Reinigung auf der:
- *grobstofflichen physischen Ebene deines Körpers,*
- *feinstofflichen Ebene deines Körpers.*

Körperliche Reinigung ist die Basis für jegliche weitere Reinigung. Wie willst du energetisch arbeiten und dich energetisch reinigen, wenn du körperlich nicht gereinigt bist? Das ist natürlich dann völlig umsonst und nutzlos, weil die körperliche Verunreinigung die energetischen Störfelder ja in sich trägt.

17.1 Die grobstoffliche physische Reinigung des Körpers

Zur täglichen Reinigung auf der grobstofflichen physischen Ebene deines Körpers gehören das Säubern und Waschen
- deiner Haut,
- deiner Haare und Nägel,
- Reinigen deiner Nase und Ohren,
- Putzen deiner Zähne und Zunge.

Übung Nr. 24 **Ein Vollbad**

Nimm ein Vollbad mit Meersalz oder Himalajasalz. Wasche dir auch deine Haare. Entspanne dich dabei, creme dich anschließend ein, kleide dich an, am besten in leichte Baumwollkleidung und stimme dich dann mit der Basistechnik medial ein.

Empfange mediale Botschaften deiner Wahl.
Du wirst merken, wie durch das Bad deine Chakren geöffnet sind und dir das Empfangen viel leichter fällt.

Vergleiche den Unterschied zum medialen Arbeiten ungereinigt und vielleicht sogar unter Stress!

Ob mit oder ohne Badeentchen – ein Vollbad öffnet die Chakren und unterstützt mediales Arbeiten.

Übung Nr. 25 **Schmutzig sein**

Bei manchen Arbeiten macht man sich einfach unvermeidlich schmutzig! Wenn du im Garten arbeitest, an deinem Motorrad oder Auto schraubst, mit den Hunden unterwegs warst oder gespielt hast, gerade eine Wand mauerst oder was auch immer tust!
Nutze diesmal die Energie und bleibe eine Zeitlang ganz bewusst schmutzig! Es kann sein, dass der Schmutz dich total nervt, aber es ist auch möglich, dass er dir gefällt, weil er dich erdet.
Die berühmten kleinen Schmutzfinken, unsere lieben Kleinen, fühlen sich ja auch in ihrem Schmutz wohl! Warum? Weil Kinder in ihrer

verspielten Welt meistens mit dem Schmutz angenehme Dinge verbinden. Der verkleckerte Kakao, das verklebte Eis, der Ausflug in den Wald oder mit Papa in der Werkstatt sein, ist ein Abendteuer. Warum sich dann also waschen und womöglich noch umziehen?

Nimm wahr, wie es dir mit dem Schmutz geht. Wenn du dich dann später wäschst, vergleiche den Unterschied in deinem Wohlbefinden!

17.2 Die feinstoffliche Reinigung des Körpers

Die Reinigung auf der feinstofflichen Ebene deines Körpers besteht aus der Bewahrung deines eigenen Energiekörpers. Bewahrung meint, ihn vor fremden Energien zu schützen bzw. zu reinigen.

Dein feinstofflicher Energiekörper wird durch folgende Energie permanent beeinflusst:

- Kleidung
- Schuhe
- Schmutz am Körper
- Benutzte Gegenstände
- Geschirr, Besteck
- Räumlichkeiten und Gegenden
- Erlebte Situationen
- Andere Menschen
- Andere Lebewesen

Somit ist neben der physischen und energetischen Körperreinigung auch die Prophylaxe nötig, um den Energiekörper reinzuhalten.

17.2.1 Die Prophylaxe – Erhaltung des eigenen störungsfreien feinstofflichen Körpers

Ich glaube, es ist den wenigsten Menschen wirklich bewusst, wie einfach es sein kann, energetisch gut für sich zu sorgen.

Hier möchte ich nun einige Bereiche anführen, um dir bewusst zu machen, wie leicht es ist, aber auch wie wichtig, für einfache Dinge des Alltags wachsam zu sein und für sich energetisch zu sorgen.

Kleidung

Du kennst die Situation: Dir ist kalt und deine Freundin borgt dir einen Pullover.

Ist dir bewusst, dass du dich damit mit ihrer Aura und damit ihrem gesamten Prozess verbindest?

Wenn du sie magst, und sowieso vieles mit ihr teilst, ist das in Ordnung, aber ziehst du auch die Strickjacke von Onkel Gustav genauso gerne an?

Als ich in Peru war, gab es ein Restaurant in Arequita, da wurden zum Abend farbenfrohe, typische peruanische Ponchos an die Gäste verteilt, damit man weiter draußen sitzen konnte. Sie sahen schön aus und sind wirklich sehr warm. Viele Touristen saßen dort stolz in ihren Ponchos. Mir wurde auch einer angeboten. Doch lieber war mir kalt – ich hatte zum Glück einen dicken Pullover mit …

Schuhe

Mit den Schuhen an unseren Füßen gehen wir durch das Leben. Mit ihnen waten wir durch Schlamm, Staub, Pfützen, über Fließen, Dielen, Teppiche und manchmal treten wir auch leider in unangenehme Dinge …

Mit den Schuhen bringen wir die Welt von draußen in unsere Wohnung. Ich finde es den anderen Mitbewohnern eines Hauses gegenüber eine energetische Zumutung, Schuhe vor der Tür stehen zu lassen, aber genau genommen ist es, wenn auch egoistisch, aus dem Blickwinkel der Schuhbesitzer sehr vernünftig.

Schuhschränke im Vorraum der Wohnung, so handhabe ich es, sind eine gute faire Alternative. Gerade Schuhe regelmäßig zu putzen (so kenne ich es auch aus meiner Kindheit) ist wichtig, um die Energie wieder zu neutralisieren und sie durch das Putzen mit Liebe aufzuladen.

Ich persönlich liebe auch Stoffturnschuhe, die ich in die Waschmaschine stecken kann und die damit wieder energetisch neutral werden, wenn sie es überleben ... Leider habe ich immer mal Schwund.

Schmutz am Körper

Schmutz am Körper kann belastend sein aber auch unterstützend. So können einem die öligen Hände, wenn man am Motorrad oder Auto geschraubt hat, schmunzelnd den Tag über begleiten und einem Freude machen.

Achte genau darauf, wo der Schmutz herkommt, in welcher Situation du ihn dir „eingefangen" hast. Denn das ist die Geschichte mit der Wange, auf die einen der oder die Liebste geküsst hat. Um genau die wäscht man herum, aber die Stelle mit dem Kuss, auch wenn es schon paar Tage her ist, wird ausgelassen, weil man die Energie erhalten will.

So ist es die entgegengesetzte Energie, wenn ein Mörder sich ständig die Hände waschen will, um sich rein zu waschen. Es ist dasselbe Prinzip, nur dualistisch.

Benutzte Gegenstände

Was bekommt man nicht alles so im Laufe seines Lebens geschenkt! Buddhas, Kristalle aus dem Laden, kleine Schmuckanhänger. Hast du diese Dinge auch vor dem Benutzen oder bevor du sie in die Wohnung stellst gründlich gereinigt?

Manche Gegenstände mögen optisch noch so schön sein, aber du merkst, dass da etwas nicht stimmt.

Ich hatte einmal einen Ring geschenkt bekommen, ein Familienerbstück, und als ich ihn trug, hatte ich körperliche Schmerzen, die ich nicht kannte. Ich hatte die Energie der ehemaligen Trägerin übernommen. Als ich ihn schließlich abnahm, waren die Schmerzen verschwunden. Dann erfuhr ich, dass die Trägerin ihn extra zum Sterben angesteckt hatte, um sich schön zu machen beim friedlichen Hinübergleiten.

Geschirr, Besteck

Ich kenne Menschen, die nehmen überall ihr eigenes Besteck mit. Warum eigentlich nicht? Gegenstände speichern Energie. Wenn du also immer dein eigenes Besteck benutzt, ist es mit deiner Energie aufgeladen.

Vielleicht kennst du das von deiner Lieblingskaffeetasse oder dem Lieblingsmesser zum Schneiden oder dem Lieblingskochtopf. Damit musst du kein neues Feld aufbauen, nichts transformieren sondern kannst dich der Sache selbst widmen: dem Essen, dem Kaffee oder dem puren Genießen. Das spart Zeit, Energie und damit Kraft.

Das eigene Besteck ist mit deiner eigenen Energie aufgeladen und erspart dir, fremde Energien beim Essen transformieren zu müssen.

Räume, Gegenden

Beispiel: Du kommst von irgendwo her und bist fix und fertig. Genau genommen hast du nichts Anstrengenderes getan als vielleicht vier Stunden in einem Restaurant oder bei Freunden zu sitzen und zu plaudern …

Warum dann diese Erschöpfung? Die Antwort darauf ist: Du hast die Energie des Raumes in deine Aura gelassen, mit all ihren Schwingungen, Informationen und Geschichten und bist dabei, sie zu verarbeiten. Vielleicht herrschte in diesem Raum große Spannung, lag ein Streit in der Luft oder Stress.

Auch wenn du das bewusst nicht auf Anhieb wahrnimmst, merkst du dies sehr wohl. Ich empfehle dir dich dahingehend zu sensibilisieren, die Schwingungen in einem Raum, einer Gaststätte, einem Vortragsraum, bei Freunden oder in deinem Büro wahrnehmen zu lernen, so dass du dir auch durch die passende Raumschwingung Unterstützung holen kannst und dich nicht schwächen musst.

Aber bitte denke daran: *Man kann aus allem ein Ego-Trip machen!*

Es ist wie mit den Gerüchen! Demut ist alles! Manchmal kann man Dinge einfach nicht ändern!

Bei mir im Akasha-Zentrum ist es immer umgekehrt. Dazu eine kleine amüsante Geschichte: Einmal im Monat biete ich einen kostenlosen

Infoabend an, an dem ich meine Arbeit, das Seminarangebot und die Ausbildungen vorstelle. An einem dieser Abende kamen neben einigen anderen wirklich fremden Besuchern zwei Leute, die mich schon kannten, sogar schon Seminare bei mir besucht hatten. Auf meine Frage hin, warum sie denn gekommen sind, sie kennen doch meine Arbeit schon, antworteten sie fast im Chor strahlend, dass es bei mir immer so schön sei, sie hätten sich so kraftlos gefühlt (es war an einem typischen, verregneten Novemberabend) und sie wollten sich bei mir auftanken.

Begegnungen mit Menschen

Je näher du einem Menschen kommst, umso stärker bist du mit seiner Aura verbunden. So vereint sich die Aura von Menschen schon, wenn sie sich küssen, und damit auch ihre in der Aura gespeicherten Themen, Probleme und Lernaufgaben. Natürlich ist diese Auraverbindung am größten, wenn sie miteinander schlafen. Das kann hilfreich und verbindend sein, wenn Partner einen gemeinsamen Lebensweg beschreiten.

Aber bei sexuellen Begegnungen, die nicht aus Liebe entstehen, sondern nur aus Lust oder Gier ist das anders. Die beteiligten Personen sind sich meist gar nicht bewusst, wie viele unterschiedliche Energien sie sich bei häufigem Partnerwechsel aufladen. Dies ist auch einer der Gründe, warum Prostituierte ihre Freier nie küssen – damit ist die Begegnung auf ein „Minimum" reduziert.

Viele dieser Frauen haben ein großes Herz und sind sehr kraftvoll, so dass sie in der Lage sind, diese unzähligen Schwingungen zu transformieren. Die Tragik besteht nur darin, wenn junge Frauen zur Prostitution gezwungen werden und nicht in der Lage sind, diese Schwingungen zu verarbeiten. Sie drohen dann daran zu zerbrechen.

Um den eigenen Energiekörper rein zu halten, ist Treue in Beziehungen natürlich das beste Mittel.

Wenn wir uns unter diesem Gesichtspunkt das klassische Versprechen bei der Trauung ansehen:

„*… In guten wie in schlechten Zeiten …*"

verstehen wir noch einmal ganz anders den Sinn dieser Aussage.

Wir sind über die Aura miteinander verbunden, tragen einander die „Last", das Karma und helfen natürlich auch, einander heil zu werden.

18. Bewegung

Körperliche Bewegung ist ein wichtiger Ausgleich beim medialen Arbeiten, um seinen Körper zu spüren und dem feinstofflichen Körper die Möglichkeit zu geben, sich im physischen Körper wieder voll und ganz ausbreiten zu können. Das ist wichtig und lebensnotwendig. Es unterstützt die Fähigkeit der Erdung und das „mit beiden Beinen im Leben stehen".

Wenn wir uns als Medium verkriechen müssen und meinen, uns vor destruktiven Schwingungen schützen zu müssen, sind wir nicht wirklich lebensfähig.

Als Medium mit beiden Beinen im Leben zu stehen, heißt auch Grenzen setzen zu können, und das geht nur, wenn wir stabil im Körper sind. Dabei hilft uns Bewegung, Sport und körperliche Ertüchtigung jeder Art. Dabei müssen wir aus dem nur Ätherischen, Übersensiblen herauskommen, um symbolisch gesprochen: „uns von unserem zerbrechlichen Elfendasein vom Ast herablassen, auf der Erde landen, die schwere Motorradjacke anziehen, die Lederstiefel und uns auf unser Bike schwingen.".

Wenn wir also beide Fähigkeiten miteinander vereinen können, das Sensitive, Hochsensible, Feinfühlige, Empfindsame mit dem körperlichen Stabilen, geerdeten Authentischen, dann haben wir auch das Mediale in uns erlöst, es kann sich im Leben entfalten und muss nicht unter vakuumähnlichen Verhältnissen gehütet werden.

18.1 Sport

Sport kann ich allen empfehlen, die Probleme mit ihrer Erdung haben. Es geht nicht um Kraft- oder um Leistungssport, aber um soviel körperliche Betätigung, dass du deinen Körper spürst und richtig ins Schwitzen kommst.

Es muss auch gar keine spezielle Sportart sein, vielleicht baust du am Haus, verputzt Wände, tapezierst selber, schaufelst Kies oder gehst tanzen …

Übung Nr. 26 **Faul sein**

Gönne dir einen faulen Tag ohne Bewegung. Bewege dich so wenig wie möglich, sei einfach faul!

Nimm dein Körpergefühl wahr!
Vergleiche es mit deinem sonstigen Gefühl!

Sport zu treiben hilft dir dich zu erden und ein besseres Körpergefühl zu entwickeln.

Übung Nr. 27 **Bewegung**

Plane ein, dich an diesem Tag zu bewegen, Sport zu treiben. Bewege dich mehr als es für dich die Norm ist! Jogge, walke, gehe ins Fitnessstudio oder betätige dich bewusst im Garten, grabe um, pflanze oder vielleicht gibt es ja wieder etwas zu bauen.
Nur zu! Aber gehe dabei nie über deine Grenzen! Übertreibe nicht! Bewege dich immer nur so viel, dass du dich wohlfühlst.

Fühle den Unterschied zu deinem sonstigen Körpergefühl! Nimm deinen Körper bewusst wahr!

Übung Nr. 28 **Mitte finden durch Bewegung**

Denk an ein Problem, welches dich im Normalzustand hilflos macht!
Treibe Sport oder bewege dich aktiv, was immer du auch tun magst! Gehe dann das Problem an, finde eine Lösung!

Bemerke den Unterschied zur sonstigen Problemlösung deinerseits!

18.2 Gartenarbeit

Gartenarbeit finde ich persönlich den idealen Ausgleich zur medialen Arbeit.

Gartenarbeit verbindet zwei Vorteile miteinander: Die Natur „Ist“, es ist pures „Sein“. Somit hat sie eine transformierende unterstützende Wirkung auf dich, wie ich schon im Kapitel 10.2 „Die freie Natur“ ausführlicher beschrieben habe.

Zum anderen bietet ein Garten immer Arbeit rund um die Uhr. Es gibt immer etwas zu jäten, zu versetzen, Laub zu rechen, den Rasen zu mähen oder Pflanzen zu schneiden.

Der positive Effekt der Bewegung kommt so in einer Atmosphäre des puren „Seins“ zustande, eine bessere Einstimmung zum medialen Arbeiten gibt es nicht! Einfach genial!

19. Gedankenhygiene

Nicht zu unterschätzen ist, was wir den lieben langen Tag so alles denken. Ich finde den Begriff Gedankenhygiene sehr schön, denn unseren Körper duschen wir täglich, unsere Haare kämmen und die Zähne putzen wir mehrmals am Tag, aber kümmern wir uns auch nur einmal um unsere Gedanken?

Unsere Gedanken sind Energieströme, die uns prägen. Dazu ein Gedicht, welches mir schon immer gefallen hat:

Achte auf deine Gedanken

Achte auf deine Gedanken, denn sie werden deine Worte.
Achte auf deine Worte, denn sie werden deine Handlungen.
Achte auf deine Handlungen, denn sie werden deine Gewohnheiten.
Achte auf deine Gewohnheiten, denn sie werden dein Charakter.
Achte auf deinen Charakter, denn er wird dein Schicksal!

Somit prägen unsere Gedanken auch den Erfolg unserer medialen Arbeit. Meinen wir, dass wir das sowieso nicht können, wird dies wohl eintreffen.

Glauben wir an uns und bemühen uns stetig, dann werden wir gute Resultate erreichen. Auch wenn wir Misserfolge haben und Fehler machen – denn genau aus denen lernen wir!

Soviel zu Gedanken und deren Auswirkungen zu uns selber.

Jetzt möchte ich zur Bewusstwerdung auflisten, worüber wir uns so alles Gedanken machen können und welche Auswirkungen, also Resultate dies haben kann.

Innerhalb dieser Resultate gibt es immer zwei Extreme, nämlich das unerlöste Resultat und das erlöste. Diese Dualität möchte ich in dieser kleinen hilfreichen Tabelle aufführen und dir bewusst machen.

Bereich	unerlöstes Resultat	erlöstes Resultat
Beziehung	Ich werde nur ausgenutzt.	Beziehung ist eine Bereicherung für mich.
Liebe	Es gibt nur Lieblosigkeit, Neid und Hass.	Liebe umgibt mich.
Arbeit	Ich schaffe nichts.	Ich bewältige alles!
Anerkennung	Niemand sieht mich.	Menschen erkennen mich und meine Leistungen gebührend an.
Erfolg	Ich habe nur Misserfolge.	Erfolg und Fülle gehören zu meinem Leben.
Gott	Gott gibt es nicht.	Gott trägt mich. Gott liebt mich.
Welt	Die Welt ist böse.	Die Welt macht Spaß. Sie ist ein Abenteuerspielplatz.
Inkarnation	Inkarnieren ist eine irdische Qual.	Inkarnieren ist das größte Geschenk
Mitmenschen	Alle sind meine potentiellen Feinde.	Es gibt unter ihnen echte verlässliche Freunde.
Familie	Alle lassen mich im Stich.	Alle halten zu mir.
Leben	Das Leben ist eine ewige Strafe und harte Arbeit.	Das Leben macht Spaß.

Übung Nr. 29 **Mich mag niemand**

Mache folgendes Experiment.

Programmiere dich für einen Tag oder einige Stunden mit folgendem Inhalt: „Niemand mag mich!“

Dann begib dich ins Weltgeschehen! Du wirst sehen, dass deine Mitmenschen auf dich ganz anders reagieren als sonst. Ohne Frage, es wird kein netter Tag sein, aber es ist eine tolle bewusstseinserweiternde Erfahrung. Auch du selber wirst anders reagieren, weil du ständig projizieren musst, dass dich deine Mitmenschen alle nicht mögen und du in Alles dieses Unbeliebtsein hineininterpretieren musst!

Wenn du das Experiment beendest, lösche diese Programmierung wieder. Das ist wichtig. Vielleicht drehst du sie ja einfach um, so wie in *Übung Nr. 30*

Hinweis:
Mache diese Übung nur, wenn du innerlich stark bist und nicht wirklich von dieser Programmierung überzeugt bist! Sonst lass die Finger davon! Oder wähle eine andere Programmierung deiner Wahl, die dich nicht schwächt!

Vergleiche die Reaktionen deiner Mitmenschen und deine eigenen mit den Tagen davor!

Gesetz der Resonanz: Wenn du dich mit Liebe auftankst und zuversichtlich bist, dass die Menschen dich lieben, wirst du wundervolle Erfahrungen machen können.

Übung Nr. 30 **Alle Menschen lieben mich**

Starte nun ein anderes Experiment.

Programmiere dich, und diese Programmierung darfst du bis auf Ausnahmen gerne beibehalten, dass dich alle Menschen lieben.

Dann begib dich wieder ins Weltgeschehen! Du wirst sehen, dass deine Mitmenschen auch diesmal wieder auf dich ganz anders reagieren als sonst. Es können Wunder geschehen, die du nie für möglich gehalten hättest. Nur zu! Weiter! Gönne dir diese Erfahrung und öffne dein Herz!

Vergleiche die Reaktionen deiner Mitmenschen und deine eigenen mit den Tagen davor!

20. Der eigene Lebens- und Arbeitsraum

So wie unser Körper unser inneres Haus ist, in dem unsere Seele und unser Geist wohnen, so ist unser Wohn- und auch Arbeitsraum das äußere Haus, in dem unser Körper wohnt.

Nach dem Gesetz der Analogie ist unser äußerer Raum Ausdruck unseres Inneren.

Ist es in uns chaotisch, so drückt sich das also durch Chaos im Außen aus und wenn wir innerlich sortiert sind, ist auch unser äußeres Leben sortiert.

Unser äußerer Lebensraum ist damit also eine Frage unseres Bewusstseins.

- *Was gönnen wir uns?*
- *Was muten wir uns im Außen zu?*
- *Mit wie viel belasten wir uns?*
- *Wie groß ist unsere Liebe zu uns?*
- *Wie groß ist unser Potential, uns zu quälen?*

Es ist ein klassisches Thema in meinen medialen Beratungen: Die liebe Wohnung! Aber geht es dabei wirklich um die Wohnung? Nein, nie!

Es geht immer um den Ausdruck der eigenen Würde, der Selbstliebe und damit um das „Sich etwas gönnen".

Deshalb gönne ich uns allen im letzten Teil dieses Buches genau dieses Thema in Kapitel 21. „Selbstliebe und Respekt".

Oft enden Seminare, welche ich zum Thema „Selbstliebe und Respekt" gebe, mit der Kündigung der alten Wohnung, einem Hauskauf oder dem so lange anstehendem Wegzug aus der verhassten Gegend. Und welch Wunder, plötzlich ist auch das Geld für all diese Aktivitäten da!

Wenn wir also erfolgreich medial sein wollen, heißt es, uns das Umfeld zu gönnen, in dem wir uns auch wohlfühlen!

Dabei möchte ich noch erwähnen, wie wichtig wirklich alle Lebensräume für uns sind:

- Wohnraum,
- Schlafraum und
- Arbeitsraum.

Generell ist es günstig, auf folgende Kriterien in allen Räumen zu achten, um ein Zimmer so zu gestalten, dass wir uns wohlfühlen und es uns energetisch speist.

- Blumen
- Kristalle
- Gegenstände, die wir lieben
- Topfpflanzen
- Sonnenlicht
- Farben, die zu uns passen und uns heilen
- Materialien, die uns gut tun

Detaillierter möchte ich auf dieses Thema nicht weiter eingehen.

Es gibt unzählige Bücher mit Anregungen zum Einrichten von Wohnungen und zu Energieströmen in Räumen oder Gegenden – wie beispielsweise Bücher über Feng Shui oder Geomantie. Diese können eine gute Ergänzung zu diesem Buch hier sein, wenn dich das Thema energetische Reinigung interessiert und du deine Räume energetisch positiv ausrichten willst.

20.1 Der eigene Wohnraum

Der eigene Wohnraum ist das Feld, in dem wir uns auftanken, in dem wir uns nach getaner Arbeit aufhalten und auch Gäste empfangen.

Günstig ist es, wenn der Wohnraum nicht gleichzeitig Schafraum und Arbeitszimmer ist. Aber wenn es nicht anders geht, können durch geschicktes Abgrenzen zur Trennung der Energien, gute Lösungen gefunden werden.

Ein guter ausgeglichener Wohnraum hilft uns in unserer Entwicklung, heilt uns und unterstützt uns in der Fähigkeit des medialen Arbeitens.

Übung Nr. 31 **Wohnungsanalyse**

Werde dir bewusst, ob deine Wohnung so eingerichtet ist, dass es dir darin gut geht!

· Was stimmt nicht?

· Was stört dich?

· Was wolltest du schon immer ändern?

Notiere dir diese Dinge und ändere sie Stück für Stück!

Fühle hinein, wie die Auswirkungen dieser Änderungen sind!

Übung Nr. 32 **Farben als Hilfe**

Stimme dich medial ein:

Welche Farben in deiner Wohnung helfen dir und deiner Familie zu heilen? Empfange die Resultate für alle Räume separat und notiere sie dann.

Gehe in dein Gefühl und fühle hinein, ob dir diese Farben zusagen, du dich in ihnen wohl fühlst oder du sie dir in deiner Wohnung vorstellen könntest!

Übung Nr. 33 **Unterstützende Pflanzen**

Stimme dich medial ein:

Welche Pflanzen passen zu dir und machen sich gut in deiner Wohnung?

Wenn du schon Pflanzen in der Wohnung besitzt, dann frage sie, ob sie wirklich bei dir wohnen wollen oder umziehen wollen?
Frage dann auch dich, ob du diese Pflanzen wirklich magst oder nur beherbergst, weil Tante Dorothee sie dir geschenkt hat oder sie ein Übrigbleibsel von deiner Ex-Freundin sind. Dann verabschiede dich von ihnen.

Spüre den Unterschied in deiner Wohnung vorher und hinterher!

Gesetz der Analogie: Sage mir, welche Pflanzen du besitzt und ich sage dir, wer du bist!

20.2 Beratungsräume

Beratungsräume sollten immer klar sein. Meine persönliche Erfahrung ist es, umso weniger sich in dem Raum befindet, desto leichter ist es für beide Seiten – dem Medium genauso wie für den Ratsuchenden – auf den Punkt zu kommen.

Mein Beratungsraum in der Praxis hat bewusst einen fliederfarbenen Anstrich. Dieser Ton wirkt sich positiv auf den Transformationsprozess des Klienten aus. Ansonsten ist der Raum sehr schlicht, aber edel eingerichtet, um keine Ablenkungen entstehen zulassen.

Übung Nr. 34 **Volle Räume**

Begib dich in einen Raum, der voll angereichert ist mit persönlichen Dingen, Fotos, kleine Gegenstände, Schmuckstücke, Bücher und sehr individueller Einrichtung.

Am günstigsten ist diese Übung, wenn es nicht deine persönlichen Räume sind, sondern die Räume einer Freundin, Bekannten oder deiner Familie.

Setze dich in die Mitte des Raumes und stimme dich medial ein!

Was erzählen dir diese Dinge?

Welche Geschichten kannst du empfangen?

Welches Leid, welche Freude, Hoffnung oder Erwartung steckt in den Gegenständen und Bildern?

Wenn möglich, notiere dir diese Informationen!

Frage den/die Besitzer/in des Raumes hinterher zur Korrektur ab, ob deine empfangenen Informationen der Wahrheit entsprechen!

Übung Nr. 35 **Kahle Räume**

Setze dich in einen ganz kahlen Raum und spüre die Energie!

Genieße die Reduktion!

Nimm medial wahr, dass jeder Raum trotzdem seine Geschichte hat!

Fühle rein, ob die Schwingung dieses Raumes dir angenehm ist oder nicht!

Lass dir die Geschichte des Raumes erzählen!

Auf Familienbildern ist die gesamte Familiengeschichte gespeichert. Sie können dir helfen verdrängte energetische Anteile zu integrieren aber auch Störfelder bilden.

Übung Nr. 36 **Persönliche Gegenstände**

Wähle dir einen Raum zur Beratung oder Klärung eines Problems oder einer Situation, der sehr persönlich eingerichtet ist. Vielleicht gibt es Familienfotos an den Wänden und überall stehen kleine, dir lieb gewordenen Gegenstände und Schmuckstücke herum. Alle Gegenstände können Geschichten erzählen.

Konzentriere dich nun auf dein Problem, welches du medial klären willst. Empfange medial die Botschaften bzw. Antworten zu deiner Frage.
Nimm wahr, wie die Gegenstände Störfelder bilden, die dir das mediale Arbeiten erschweren. Es sind Interferenzen, Wellenüberschneidungen und es kann sein, dass sich deine Botschaften mit denen der Gegenstände vermischen, wenn du noch nicht geübt bist.
Sei sehr wachsam!

Vergleiche das mediale Arbeiten in diesem vollen Raum mit dem Arbeiten in leeren oder sparsam eingerichteten klaren Räumen!

20.3 Schlafräume

Unser Schlafraum ist der Raum, in dem wir Kraft schöpfen und uns für den neuen Tag auftanken, um wieder leistungsfähig zu sein. Genau genommen ist es der wichtigste Raum in der Wohnung, in dem wir uns am meisten aufhalten, es sei denn, wir schlafen regelmäßig im Wohnzimmer vor dem Fernseher ein und schaffen es nicht mehr ins Bett …

Es ist für viele verführerisch, im Schlafzimmer all das unterzustellen, was für die Öffentlichkeit nicht zugängig sein soll: die Bügelwäsche, den Wäscheständer, das Fitnessgerät, die Tüten mit dem Vogelsand hinter der Gardine und unter dem Bett sind die Ski- und die Schlittschuhe … Leider kenne ich sehr wenige Menschen, die es entgegengesetzt handhaben.

Unser Schlafraum sollte der ordentlichste Raum in der ganzen Wohnung sein! Ja, du hast richtig gehört! Denn all das Chaos, auch wenn es vielleicht nicht optisch sichtbar ist, schleicht sich im Schlaf in unser Unterbewusstsein. Damit wird unser Geist vermüllt, ohne dass es uns bewusst ist.

Auch die Variante, das Arbeitszimmer im Schlafzimmer unterzubringen, um das Wohnzimmer davon zu befreien, ist die denkbar ungünstigste. Denn all die Aktenordner, Bankauszüge, Rechnungen, Mahnungen oder … nehmen wir mit in den Schlaf und müssen sie hierbei verarbeiten.

Übung Nr. 37 **Chaos im Schlafzimmer**

Gönne dir eine Nacht folgendes Experiment:
Vermülle ganz bewusst dein Schlafzimmer. Stelle alles mögliche Untypische hinein, unter und um dein Bett und gehe dann schlafen. Lege dir einen Zettel und einen Stift neben dein Bett und schreibe dir sofort am Morgen auf, was und wovon du geträumt hast!

Vergleiche diese Nacht mit den anderen.
Wie hast du geschlafen?

Übung Nr. 38 **Ordnung im Schlafzimmer**

Räume dein Schlafzimmer tipptopp auf, entmülle es gegebenenfalls, mache es transparent und schlafe ganz bewusst darin die erste Nacht. Gerne auch von da an deine ganzes weiteres Leben …

Vergleiche die Qualität deines Schlafes mit der in anderen Nächten! Entscheide gegebenenfalls, ob du einige Dinge für immer aus deinem Schlafraum bannen kannst.
Gute Nacht!

21. Selbstliebe und Respekt

Genau genommen ist das Thema „Selbstliebe und Respekt“ Voraussetzung für wirklich alles. Doch das klingt so weit tragend, dass es dich vielleicht abschreckt. Das könnte so klingen, als wenn da das Leben erst anfängt.

Ja, genau genommen ist es auch so. Aber wie sollten wir das Leben benennen, wenn wir nicht im Respekt sind? Dahinvegetieren? Vor dem Leben flüchten müssen?

Im Respekt zu uns selber zu sein, heißt uns anzunehmen mit all unseren Qualitäten und uns in unserer ganzen Größe zu zeigen. Damit uns nicht das Schicksal ereilt, wie ein heimlicher, entmachteter König von dannen huschen zu müssen, damit uns niemand sieht. Weil wir uns nicht trauen, uns in unserer Macht zu zeigen – nicht in unserer Selbstannahme und Würde sind.

Du gelangst in deine Würde, indem du dich in Liebe annimmst und deine Macht lebst.

Erst durch Selbstliebe und inneren Respekt kommen wir in unsere Würde und können uns in unserer ganzen Schönheit und Kraft zeigen – für alle sichtbar! Damit werden wir authentisch und leben bewusst und ganz offen unsere Individualität.

Respekt ist die Basis für Fülle, Reichtum, Gesundheit und Lebensfreude.

Auch unsere medialen Fähigkeiten sind Fähigkeiten, die Luxus sind. Denn ehrlich: Interessiert es uns, wenn uns vor Hunger der Magen knurrt und der Schimmel uns von der Wand anlacht, wer wir in einem anderen Leben waren? Oder wie unsere Aura gerade aussieht, wenn wir uns vor Hunger nicht mehr konzentrieren können? Nie und nimmer!

So ist Selbstliebe die Basis für alles. Sie ist dein Fundament für eine glückliche Beziehung und für Erfolg und Wohlstand. Denn nur in dem Maß, wie du dich selber liebst und respektierst, kannst du deine Mitmenschen auch lieben und respektieren.

Übung Nr. 39 **Selbstliebe**

Da Selbstliebe nun die Basis für alles ist, nutze dieses Thema für eine mediale Übung.

Stimme dich zu diesem Zwecke medial ein und frage nach:

Was hilft mir, in meine Selbstliebe zu kommen?

Notiere dir die Antwort.

Probiere diese medial erhaltenen Ratschläge aus und schau, ob es eine Veränderung in deinem Leben gibt!

Übung Nr. 40 **Ein Wohlfühlplatz**

Schaue dich ganz kritisch in deiner Wohnung um:

Fühlst du dich da wohl?

Hast du da deinen persönlichen Raum oder Platz, um dich auszubreiten?

Oder nimmst du Rücksicht auf alle anderen Familienmitglieder, so dass für dich kein Platz mehr bleibt?

Notiere alles, was du kritisch bemerkst.

Verändere deine Wohnung, schaffe deinen eigenen Platz und nimm wahr, wie sich dadurch dein Leben verändert und leichter wird!

Übung Nr. 41 **Dein Bett**

Wie ist dein Bett eingerichtet?

Kannst du dort wirklich gut schlafen und dich für den nächsten Tag auftanken?

Empfange medial, was du ändern könntest, notiere dies und fühle hinein, ob diese Dinge für dich mit deinem Gefühl übereinstimmen!

Die längste Zeit deines Lebens befindest du dich in deinem Bett. Ist es liebevoll eingerichtet?

Fühle rein, was du noch verändern möchtest, was dich schon immer gestört hat!

Nimm diese Änderungen vor und fühle wie es dir damit geht! Schläfst du besser? Bekommst du mehr Kraft für den Tag? Viel Freude damit!

Übung Nr. 42 **Die eigene Arbeit**

Gehst du gerne zur Arbeit oder bist du schon bei dem Gedanken genervt, früh wieder arbeiten gehen zu müssen? Wie gefällt dir deine Arbeit, dein Beruf und deine Kollegen?
Überprüfe auch da kritisch, ob du etwas ändern möchtest oder ob alles so in Ordnung ist, wie es ist!
Traue dich, Veränderungen vorzunehmen, du kannst nur gewinnen!

Nimm dein Leben, deine Lebenskraft und dein inneres Wohlbefinden nach den Veränderungen wahr!

Übung Nr. 43 **Umgang mit Menschen**

Diese Übung schließt an die vorhergehende *Übung Nr. 42* an.
Überprüfe den Umgang mit anderen Menschen in deinem näheren Umfeld:

- Familie
- Freunde
- Kollegen
- Verkäufer
- Nachbarn

Stimme dich medial ein! Frage konkret nach, was dir hilft deinen Kontakt mit all diesen oder ganz konkreten „Problemfällen“ so zu verändern, dass du einen würdevollen Umgang mit diesen Menschen pflegen kannst.
Notiere diese Botschaften und lies sie dir immer mal wieder durch, damit du sie im Alltag umsetzen kannst!
Viel Glück dabei und gutes Gelingen!

Vergleiche nach diesem „Aufräumen“ deine Lebensqualität zu früher! Was hat sich dadurch in deinem Leben verändert?

Anhang

I. Weiterführende Literaturempfehlungen

1. Bunzel-Dürlich, Beate: *Medialität und Hellsichtigkeit – das Lehrbuch,* Aitrang 2007
2. Bunzel-Dürlich, Beate: CD *Mediales Empfangen,* Aitrang 2008
3. Cameron, Julia: *Der Weg des Künstlers,* München 2000
4. Cameron, Julia: *Von der Kunst zu Schreiben,* München 2003
5. Choprich, Erika/Paul, Margaret: *Aussöhnung mit dem inneren Kind,* Freiburg 1993
6. Cooper, Diana: *Der Engel- Ratgeber,* München 2000
7. D'Adamo, Peter J.: *Die 4 Blutgruppen – vier Strategien für ein gesundes Leben,* München, 2000
8. Farber, Andreas: *Feng Shui im Alltag,* Wien, 2000
9. Farber, Stephanie: *Mein Farbenbuch,* München 1987
10. Fiebig, Johannes,: *Tarot,* Bonn, 1987
11. Fiechter, Regula Elisabeth: *Kipperwahrsagekarten,* Neuhausen am Rheinfall 2005
12. Hulke, Waltraud Maria: *Das Farbenheilbuch,* Aitrang 1991
13. Jordan, Harald: *Kleidung,* Freiburg 2001
14. Lionnet, Annie: *Tarot,* Köln 2003
15. Mac Laine, Shirley: *Zauberspiel,* München 1987
16. Mac Laine, Shirley: *Zwischenleben,* München 1986
17. Mala, Mathias: *Wahrsagen,* München 1992
18. Osho: *Das orange Buch,* Zürich, 1989
19. Rossbach, Sarah, Lin Yun: *Feng Shui, Farbe und Raumgestaltung,* München, 1996
20. Sator, Günther: *Feng Shui – Harmonisches Wohnen mit Pflanzen,* München, 2000
21. Seligmann, Christel: *Reiki mit Tieren,* München 1994
22. von Goethe, Johann Wolfgang: *Die Farbenlehre*
23. von Rohr, Wulfing/Winter Gayan S.: *Zauber des Tarot,* Düsseldorf 1996
24. Zopf, Regine: *Reiki,* Hamburg 1994

II. Übersicht der Übungen

Teil II
Die AKHESY®-Technik

Teil III
Angewandte Medialität als praktische Lebenshilfe

Teil IV
Unterstützende Maßnahmen und praktische Tipps zum erfolgreichen medialen Arbeiten

III.
Ausbildungen im Akasha Zentrum Berlin

Aus der langjährigen Praxisarbeit von Beate Bunzel-Dürlich erwachsen und gegründet, ist das *Akasha Zentrum Berlin* eine **Lern- und Begegnungsstätte** geworden, in der sich Menschen mit ähnlichen Fähigkeiten treffen, mit- und voneinander lernen und neue Kontakte knüpfen können.

Als **Lebensschule** gibt es dir die Chance, sich im geschützten Rahmen mit allen Licht- und Schattenseiten zu zeigen und sich in aller Unterschiedlichkeit und Vielfalt respektieren und in Liebe annehmen zu lernen.

Die **Einzelsitzungen** helfen dir beim Heilwerden und Entfalten deines Lebenspotentials in privater wie in beruflicher Hinsicht. Mediale Lebensberatung, Mediales Firmencoaching (beides auch telefonisch), Reinkarnationstherapie und Systemische Aufstellungen tragen dazu bei.

Ausbildungen im Akasha-Zentrum

Das *Akasha Zentrum Berlin* ist eine anerkannte Ausbildungsstätte des „Dachverband Geistiges Heilen“ e.V. Nach erfolgreichem Absolvieren einer oder mehrerer im Akasha-Zentrum angebotenen Ausbildung/en erlaubt es dir die neue Gesetzgebung seit 2004 unter der neuen Berufsbezeichnung als

Heiler/in

selbständig und eigenverantwortlich in einer eigenen geistig-spiritueller Praxis zu arbeiten.

Falls du schon in einem Heil- oder therapeutischen Beruf arbeitest, kannst du die in der Ausbildung erworbenen Fähigkeiten mit deinen Behandlungsmethoden verbinden und unterstützen.

Folgende Ausbildungen bieten wir an:

Grundschulung
· Training der eigenen Medialität und Hellsichtigkeit
1. Basisseminar – Vermittlung der AKHESY®-Technik
2. Intensivseminar Fortgeschrittene I
3. Intensivseminar Fortgeschrittene II
4. Monatliche Trainingsgruppen

Ausbildung zur/m Medialen Lebensberater/in
5. Intensivseminar Fortgeschrittene III
6. Theorie – Spirituelles Grundwissen – T1-T8
7. Supervisionen

Ausbildung als Lehrer/in der AKHESY®-Technik
Ausbildung zur/m Reinkarnationsleiter/in
Reiki – Einweihungen in alle Grade
Ausbildung zur/m Reiki – Meister/in und Lehrer/in
Ausbildung im Systemischen Stellen
Ausbildung als Meditationsleiter/in

Kontakt bei Interesse an Ausbildungen, Seminaren oder Einzelsitzungen:

Beate Bunzel-Dürlich
Akasha Zentrum Berlin
Jonasstraße 4
10551 Berlin

Tel./Fax: 030-391 92 77
beate.duerlich@arcor.de
info@akasha-zentrum-berlin.de

http://bunzel-duerlich.de
http://akasha-zentrum-berlin.de

Über die Autorin

Beate Bunzel-Dürlich, spirituelle Lehrerin, Therapeutin, Medium, Künstlerin und Autorin, spürte und entwickelte ihre medialen und hellsichtigen Fähigkeiten bereits in Kindertagen. Ihre medialen Fähigkeiten führten sie im Laufe ihres Lebens auf einen neuen Weg: Neben ihrer Tätigkeit als Heilpraktikerin und Therapeutin coacht sie seit über 20 Jahren Menschen aller Alters- und Berufsgruppen in wichtigen Lebensfragen. Darüber hinaus ist sie ausgebildete Kunst- und Reinkarnationstherapeutin sowie anerkannte Heilerin und Ausbilderin im „Dachverband Geistiges Heilen" e.V.

Beate Bunzel-Dürlich ist Gründerin des *Akasha Zentrum Berlin* und Leiterin der Heilpraxis im Akasha-Zentrum. Sie lebt und arbeitet mit ihrer Familie in Berlin und Nordhessen.

Eigene Ausbildungen:
Studium Malerei/Grafik, Modedesign
Zulassung zur Heilpraktikerin
Kunst- und Kreativitätstherapie
Reinkarnationstherapie nach Rhea Powers
Regressionen/medizinische Hypnose
Rebirthing/Intuitives Atmen
Systemisches Aufstellen nach B. Hellinger
Meditationslehrerin und -Councelerin
Reiki-Grade I-IV nach Dr. Mikao Usui

Beate Bunzel-Dürlich

Medialität und Hellsichtigkeit

– Das Lehrbuch –

Subtile Wahrnehmungspotentiale erkennen und trainieren

Jeder ist medial! Auch Sie!

Beate Bunzel-Dürlich zeigt, wie Medialität funktioniert und wie sie sich in Beruf und Privatleben optimal einsetzen lässt. Denn Medialität ist nichts, was nur wenigen Menschen vorbehalten ist. Jeder kann Schritt für Schritt seine inneren Wahrnehmungspotenziale entdecken und trainieren.

Nie zuvor ist das Thema Medialität so umfassend praxisnah dargestellt worden. Das Wissen um Techniken und Gesetze der Resonanz, um Heilung und gelebte Weisheit ist eine wichtige Basis – sowohl für Laien, die ihre spirituelle Praxis vertiefen möchten, als auch für Therapeuten und Heilpraktiker, die neue Wege suchen, ihre Klienten zu erreichen.

312 Seiten mit vielen Illustrationen
ISBN 978-3-89385-537-7 · www.windpferd.de

Beate Bunzel-Dürlich

Mediales Empfangen

Intensiver leben durch feinstoffliche Wahrnehmung

– Eine geführte Anleitung –

Diese CD ist ein Praxisleitfaden zum Trainieren medialer Fähigkeiten und die ideale praktische Ergänzung zum erfolgreichen Titel „Medialität & Hellsichtigkeit". Beate Bunzel-Dürlich lehrt die von ihr entwickelte und in der Praxis vielfach bewährte AKHESY®-Technik. Durch die klare Struktur der Übungen ist der Zuhörer jederzeit in der Lage, die einzelnen Aufgaben nachvollziehen sowie Lernerfolge unmittelbar wahrnehmen und umsetzen zu können. Zentral ist die geführte Herzmeditation (mit Musik von Merlin's Magic), die es ermöglicht, Kontakt zum „inneren Meister" herzustellen und persönliche Fragen eigenständig medial beantworten zu können.

Beate Bunzel-Dürlich ist fachliche Leiterin sowie Leiterin der Heilpraxis im von ihr gegründeten Akasha Zentrum Berlin. Seit 1996 bildet sie Menschen darin aus, ihre medialen Fähigkeiten zu entfalten und zu größerer Zufriedenheit und Erfolg in ihrem Leben zu finden.

Spielzeit ca. 80 Min.
ISBN 978-3-89385-551-3 · www.windpferd.de

Pete A. Sanders

Das Handbuch übersinnlicher Wahrnehmung

Übersinnliche Fähigkeiten entdecken und trainieren

Feinfühligkeit, Intuition, Hören innerer Stimmen, Hellsehen, Aurasehen und Selbstheilung

Der Mensch ist eine Seele, die einen Körper hat, lautet die Botschaft dieses Buches. Es zeigt uns, auf welche Weise wir grenzenlos sind und danach streben, unser volles Potenzial und unser höheres Wissen zu leben.

Die Welt der inneren Weisheit ist real und jeder kann ein Teil von ihr sein, denn alle Menschen haben bisweilen Fähigkeiten, die über das Gewohnte hinausgehen. Doch nur wenige wissen, dass es möglich ist, diese Sensitivität bewusst zu nutzen.

Pete A. Sanders hat während der Jahre, die er am Massachusetts Institute of Technology Biomedizinische Chemie und Neurologie studierte, Grundlagen und Methoden entdeckt, die übersinnliche Wahrnehmung für jeden möglich machen.

280 Seiten · ISBN 978-3-89385-444-8 · www.windpferd.de

Ainslie MacLeod

Die Unterweisung

Folge dem Lebensplan deiner Seele

Wir alle kennen das Gefühl, dass unser Leben einen tieferen Sinn hat – und wissen oft nicht, welchen. Die Geistführer des Mediums Ainslie MacLeod erklären in diesem Buch systematisch, wer wir wirklich sind und was unsere Seele mit uns plant. Dieser Prozess wird als „Unterweisung" bezeichnet.

Wir erfahren unsere tiefere Bestimmung, die bereits vor der Geburt in unserer Seele verankert ist und wir erkennen, dass Liebe und Verständnis die Kräfte sind, die uns mit dem größeren Ganzen vereinen. Zum ersten Mal wird diese einzigartige Botschaft als Leitfaden dargestellt, der uns Schritt für Schritt zu unserer Erfüllung führt. Dieses Buch öffnet uns die zwölf „Türen" und es enthüllt den Lebensplan, den unsere Seele erstellte, ehe wir geboren wurden. Mit diesem bahnbrechenden Programm nimmt Ainslie MacLeod uns mit auf eine Reise zum tiefsten Grund unseres Seins.

280 Seiten · ISBN 978-3-89385-567-4 · www.windpferd.de